Las bolas de Cavendish

Fernando Vallejo

Las bolas de Cavendish

o El triunfo de la impostura

ALFAGUARA

Primera edición: junio de 2017

Printed in Spain – Impreso en España

ISBN: 978-84-204-3064-5
Depósito legal: B-8634-2017

Maquetación: MT Color & Diseño, S. L.
Impreso en Unigraf, Móstoles (Madrid)

A L 3 0 6 4 5

Penguin
Random House
Grupo Editorial

A Einstein me lo imagino como un hombre sucio envuelto en una nube de humo de marihuana. ¡Con que el espacio-tiempo! No. Lo que hay es el espacio y el tiempo, por separado, y ambos son realidades mentales, turbulencias del cerebro. Por fuera de mi cabeza no existen. El espacio lo concibo como el vacío que ocupo, y que me pertenece solo a mí y a nadie más. En cambio este instante en que te hablo, hombre Vélez, y en el que te resumo el tiempo, me pertenece tanto a mí como a ti, y de paso a todas las estrellas de todas las galaxias por muy lejos que estén, si es que aún existen y no se las han tragado los agujeros negros. ¡Se tragan hasta la luz de Einstein!

Así pues, querido Vélez, en mi aquí y ahora mi aquí es solo mío, pero mi ahora es también tuyo y de todos: del rey, del papa, del último mendigo. Y así como no existen en la realidad física ni el espacio ni el tiempo, tampoco los números: son otras excrecencias cerebrales. Concéntrate y piensa: si ves tres manzanas caídas abajo de un manzano (digamos el viejo manzano de Newton en el Trinity College de Cambridge para hablar en términos concretos), y te pregunto: «¿Cuántas manzanas hay ahí caídas, Vélez?», tú me contestarás que tres, pero no: en la realidad que existe afuera de tu brumosa cabeza, en el duro suelo sobre el que se alza el manzano, no hay tres sino esto: una manzana, una manzana y una manzana. Tres manzanas separadas que tú juntas en el número 3. A Newton una de esas manzanas separadas le cayó en la cabeza y le encendió el foco y por fin, después de un esfuerzo de años tratando de entender, entendió que así como cae una manzana sobre la cabeza de un filósofo natural (o sea de un físico), de igual modo gira la Luna en su órbita en torno a la Tierra; y que si bien en física girar es girar y caer es caer, en astronomía girar es caer. Al girar en torno a la Tierra la Luna va cayendo instante por instante, pero eso sí, perpetuando eternamente su caída. Esta es la diferencia que hay entre la Luna y una manzana: la Luna nunca acaba de caer, la manzana sí. ¿Dónde está entonces la genialidad de Newton? En haber juntado la astronomía con la física. La astronomía poco más se entiende; la física, nada. Entonces te pregunto una cosa, Vélez, tú que tienes un hijo matemático: ¿si multiplicamos poco por nada qué nos da? Nada.

Ya sé que tú sostienes que la física no tiene por finalidad entender sino predecir y medir. No, Vélez, te equivocas. Yo quiero entender qué es la gravedad. Y la luz. Me dirás que la luz es una radiación electromagnética, pero como ni tú ni yo entendemos la electricidad ni el magnetismo, tu respuesta me sirve tanto como prenderle un foco a un ciego o darle limosna a un muerto. ¿De qué me sirvió el año y medio que le dediqué a Newton, a los abstrusos teoremas sobre la gravedad de sus *Principios matemáticos de filosofía natural* (*Philosophiae Naturalis Principia Mathematica* como los tituló en latín, que es en lo que los escribió), si al final del Escolio General con que termina el mamotreto me sale con que no sabe qué es la gravedad?

Gravitas in solem componitur ex gravitatibus in singulas solis particulas, & recedendo a sole decrescit accurate in duplicata ratione distantiarum ad usque orbem saturni, ut ex quiete apheliorum planetarum manifestum est, & ad usque ultima cometarum aphelia, si modo aphelia illa quiescant. Rationem vero harum gravitatis proprietatum ex phænomenis nondum potui deducere, & hypotheses non fingo. Quicquid enim ex phænomenis non deducitur, *hypothesis* vocanda est; & hypotheses seu metaphysicæ, seu physicæ, seu qualitatum occultarum, seu mechanicæ, in philosophia experimentali locum non habent.

Te traduzco, Vélez, porque sé que con todo y tu cultura wikipédica que va del Big Bang al *Homo sapiens* no sabes latín pues no estudiaste en el seminario como yo. ¡Qué importa! No te estás perdiendo nada.

La gravedad del Sol consiste en la de las partículas de que está compuesto, y alejándonos de él, hasta la órbita de Saturno, disminuye según la distancia elevada al cuadrado, como se ve claramente por la quietud de los afelios de los planetas, y hasta de los más remotos afelios de los cometas, si es que también están quietos. Pero hasta ahora no he podido descubrir la razón de las propiedades de la gravedad por medio de los fenómenos, y no invento hipótesis; porque lo que no se deduce de los fenómenos hay que llamarlo *hipótesis*, y estas, metafísicas o físicas, de propiedades ocultas o de propiedades mecánicas, no caben en la filosofía experimental.

Cuando Napoleón le preguntó a Laplace que por qué Dios no figuraba en sus obras, el autor de la *Mécanique céleste* y de la *Exposition du système du monde*, el matemático, el astrónomo, el Newtoncito francés que se las sabía todas, conde del Imperio y marqués de la Monarquía (más acomodaticio que político de la democracia de tu país, Vélez, que está en bancarrota), le contestó recurriendo a la misma palabra que usó Newton para terminar su libro: «Señoría, yo no necesito de esa hipótesis». Pues no necesitaría de esa hipótesis el marqués-conde, pero él es el de la hipótesis de los agujeros negros que tanta guerra nos están dando y que ya se le tragaron el seso a Stephen Hawking. Parece que en el centro del Universo hay un gran agujero negro en torno al cual giran los demás agujeros negros con todas las galaxias. ¿Sabes cómo se llama este Inmenso Agujero Negro? Se llama Dios. Gracias a Dios 150 mil millones de galaxias no se desperdigan como ovejas desbalagadas por el espacio infinito.

Y no me vayas a salir ahora, Vélez, con el cuento del *red-shift* o corrimiento hacia el rojo de los espectros electromagnéticos de las galaxias de Hubble y que el espacio-tiempo se expande, tal como por la levadura y el calor del horno se va inflando la masa del pan con pasas que pusiste a hornear, con el resultado de que las pasas, tus galaxias, se van alejando, alejando, alejando. *Va fan culo*, Vélez, con el marihuano Hubble y con tu pan con pasas y tus explicaciones tan pendejas. Y aprende italiano para que puedas leer a Galileo en su lengua y no me lo andes falseando cuando les enseñes a tus *undergraduates* la caída de los cuerpos.

Pregunta al einsteniano Vélez: ¿El espacio-tiempo se arruga, o se expande? Si se expande, no se puede arrugar; y si se arruga, no se puede expandir. Haz de cuenta lo que te puso Dios en el centro de tus desvelos, abajito del ombligo de Adán, para comerte la manzana de Eva. En cambio la Tierra, eso sí, a la vez que gira alrededor del Sol con movimiento traslaticio anual va rotando en torno a su eje con movimiento diario. ¿Sabes por qué Newton, que se ocupó tan obsesivamente del movimiento de traslación, dejó de lado el de rotación? Porque del movimiento de rotación no entendió un carajo.

¡Con que sir Isaac Newton no inventa hipótesis! ¿Y la inercia que está en su Primer Axioma o Ley del Movimiento y que estipula que un cuerpo que avanza en línea recta así seguirá por toda la eternidad salvo que intervenga una fuerza que le modifique su curso o lo detenga, qué es sino una hipótesis? A ver, don Isaac: ¿dónde hemos visto un cuerpo que siga en línea recta eternamente aquí en la Tierra? Y no porque la fricción del suelo sumada al aire lo detengan, eso sería peccata minuta. Por una razón más profunda: porque la Tierra es una esfera, y si tú avanzas en línea recta por la superficie de una esfera, lo que estás trazando no es una recta sino una curva, que si la vas prolongando acaba por tocarse la cola como el uroboro. ¿Has visto un uroboro, Vélez? Pues yo tampoco he visto una línea recta que se toque la cola.

¿Y en el espacio exterior (en el extraterrestre, el interestelar, el intergaláctico), se da la inercia lineal? Te diré, Vélez, que ahí no tenemos puntos de referencia para saber si vamos en línea recta o no. ¿Te vas a orientar por una estrella? ¿O vas a trazar la línea recta en el vacío con una regla? No. La inercia, idea peregrina que se le ocurrió a Philoponus en el siglo VI y que retomó en el XIV Buridan, es un experimento pensado, un *Gedankenexperiment* einsteniano, una marihuanada. Si un experimento se queda en pensado no fue experimento. Uno piensa un experimento para realizarlo, pero si uno lo deja en pensado, o por desidia o porque el experimento no es realizable, pues no fue experimento. ¿Qué es eso de que el niño Einstein se montó en un rayo de luz con un espejo a ver si la luz en que iba cabalgando le daba en la cara y a la vez le rebotaba su imagen? Einstein de niño ya era un estafador consumado. ¡Más mentiroso que un papa! El cuento de la velocidad de la luz elevada al cuadrado se lo inventó como los papas de Roma a Dios: para engañar pendejos. No más experimentos pensados, por favor, señores físicos, si queremos hacer de esto una ciencia respetable y no filosofía, basura. La física no sirve para todo, la filosofía sí: es una puta.

Vuelvo al Escolio General para hacerte unas aclaraciones, Vélez, que se me quedaron en el tintero. Una, lo de Saturno. ¿Por qué Newton mencionó a Saturno? Porque en sus tiempos se creía que este doncel anillado era el último de los planetas, el non plus ultra, el tope del Sistema Solar y todo el Universo (todavía no descubrían los del catalejo a Neptuno, ni a Urano, ni a Plutón). Dos, el afelio de los planetas y los cometas: es el punto más alejado en la órbita de unos y otros. Tres, que lo que no se deduce de los fenómenos, *ex phaenomenis*, o sea de lo que vemos, se llama hipótesis. Pues le pregunto a don Isaac, con todo respeto: ¿qué es lo que vemos respecto a la Tierra, el planeta sobre el que estamos parados? Vemos que es plana, vemos que está quieta, y vemos que de día el Sol gira en torno de ella y de noche todo el firmamento. Cuatro, que las hipótesis, sean físicas o metafísicas, sobre cualidades ocultas o mecánicas, no caben en la filosofía experimental. ¿Y qué es la luz sino una cualidad oculta de la materia de la que emana? ¿O la produce acaso un ángel? ¿No escribió pues también don Isaac un tratadito sobre ella en inglés, su *Opticks*? Y quinto, por filosofía experimental o natural se entendía en sus tiempos la física. Así que si tú, Vélez, hubieras vivido en los siglos XVII y XVIII, y no en el XX y en el XXI como te tocó para fortuna nuestra, habrías sido un filósofo natural. ¡Ay, tan filósofo natural y tan experimental este Vélez! ¿Cuántos experimentos mentales has hecho, engreído?

Primera Ley del Movimiento o *Prima Lex* de Newton:

Corpus omne perseverare in statu suo quiescendi vel movendi uniformiter in directum, nisi quatenus a viribus impressis cogitur statum suum mutare. Projectilia perseverant in motibus suis, nisi quatenus a resistentia aëris retardantur, & vi gravitatis impelluntur deorsum. Trochus, cujus partes cohærendo perpetuo retrahunt sese a motibus rectilineis, non cessat rotari, nisi quatenus ab aëre retardatur. Majora autem planetarum & cometarum corpora motus suos & progresivos & circulares in spatiis minus resistentibus factos conservant diutius.

Todos los cuerpos perseveran en su estado de quietud o de movimiento uniforme en línea recta salvo que fuerzas impresas los obliguen a cambiar. Los proyectiles perseveran en sus movimientos en tanto la resistencia del aire no los retarde o la fuerza de gravedad no los jale hacia abajo. Un trompo, cuyas partes por su cohesión lo sacan permanentemente del movimiento rectilíneo, no deja de rotar, salvo que lo retarde el aire. Y los grandes cuerpos de los planetas y de los cometas, al encontrar menos resistencia en los espacios menos densos, perseveran en sus movimientos progresivos y circulares por mucho tiempo.

¡Me muero de la risa, Isaac! Que un trompo gira porque por la cohesión de sus partes estas lo desvían del movimiento rectilíneo, y que no deja de girar salvo que lo retarde el aire. Entonces no solo hay inercia rectilínea, también hay rotatoria. ¡Qué descubrimiento de puta madre el que acabo de hacer por ponerme a recitarle a Vélez tus tres leyes! Como para premio Nobel de física. Que se lo darán por fin al fundador de la imposturología, la nueva ciencia, don Efe Ve Ere, orgullo de su país y el universo mundo.

Y que el trompo deja de rotar a menos que lo retarde el aire... Dejen el aire, la fricción del suelo, al que la punta del trompo le saca chispas.

En cuanto a la cohesión, las *partes cohaerendo*, ahí sí me quito el sombrero. He ahí en estas dos inocentes palabras nada menos que las fuerzas electromagnética, débil y fuerte del átomo de la física cuántica de hoy. El átomo permanece unido en sí mismo sin deshacerse en sus partículas elementales o *partes*, sin atomizarse, gracias a la *cohesión*, la *colaloca* universal que lo une todo. ¡Viva la colaloca, que es producto mexicano! Sirve desde para pegarle una incrustación a un diente hasta para asegurar en su cuenca a un ojo. Es como tú, Vélez, todóloga.

Por la cohesión las partículas elementales están unidas en los átomos, los átomos en las moléculas y las moléculas en los cuerpos, o sea en los sólidos, porque jamás me atrevería yo a llamar *cuerpo* a un líquido o a un gas. Son tan inasibles los líquidos y los gases... Da menos trabajo agarrar a un ángel que un chorro de agua. Y para que vayas refinando tu vocabulario, Vélez, y te respeten en la Universidad de Antioquia, no digas *fuerzas* refiriéndote a las tres que te dije: di *interacciones*, que es más elegante y lo que hoy se estila: la interacción fuerte, la interacción débil y la interacción electromagnética del átomo. Sus tres colalocas.

Que la Tierra gire en torno al Sol en su movimiento de traslación anual porque con su gravedad el astro rey la desvía del movimiento rectilíneo que llevaría por inercia de no andar en sus dominios lo acepto. Así nuestro planeta se ve constreñido a girar eternamente en su órbita, en este círculo ligeramente elíptico o achaparrado de 970 millones de kilómetros que le toma un año recorrer. ¿Pero qué lo hace seguir rotando en torno a su eje día a día? ¿Qué fuerza? ¿Cuántas fuerzas encuentras tú, Isaac, en el movimiento doble de la Tierra, el de traslación y rotación? En el de traslación hay una, la de la gravedad del Sol, la reina de tus «fuerzas centrípetas», a las que les dedicaste axiomas, proposiciones, definiciones, corolarios, teoremas, escolios, problemas, lemas, y que según descubriste, inventaste, disminuyen con la distancia elevada al cuadrado, cosa de la que dudo pero que en gracia de discusión te acepto, y al cubo también, si prefieres. Pero en el movimiento de rotación de la Tierra, ¿qué fuerza puede haber?

Nota para Vélez: a Newton lo tuteo porque en el latín clásico, el de César, que es en el que hablamos él y yo, no había usted. El usted es invento de la decadencia.

Remate del Tercer Corolario de las Leyes del Movimiento de Newton:

Ex hujusmodi reflexionibus oriri etiam solent motus circulares corporum circa centra propria. Sed hos casus in sequentibus non considero, & nimis longum esset omnia huc spectantia demonstrare.

De este tipo de choque surgen a veces los movimientos circulares de los cuerpos en torno a sus propios centros. Pero no los consideraré en lo que sigue porque sería muy tedioso tratarlos en detalle.

¿Ves por qué te dije, Vélez, que Newton no entendió el movimiento de rotación? No lo entendió, disimuló y se lo sacudió de encima como mi perra Brusca una pulga. Tres largos siglos han transcurrido desde los *Principios* y nadie lo ha explicado todavía. Respecto a la rotación del trompo y de la Tierra hoy unos hablan de la pseudofuerza centrífuga, y otros de la pseudofuerza de Coriolis, como si con ponerle el *pseudo* a fuerza resolvieran el problema. O son fuerzas o no lo son. No existen las pseudofuerzas. Los pseudocientíficos sí, los estafadores de la física, y no te estoy mirando a ti, Vélez, sino a las vigas del techo.

Ni una vez más volvió Newton a ocuparse del trompo. Y en las contadas veces que mencionó la fuerza centrífuga y aludió a la rotación de la Tierra armó una confusión mayúscula. Por ejemplo, en el escolio de la Proposición IV del Libro Tercero o *Liber tertius* de los *Principios* supone que si la Tierra tuviera una Lunita que girara a su alrededor a la altura de una montaña, de no ser por la fuerza centrífuga que la mueve en su órbita caería a la Tierra con la misma velocidad con que caen los cuerpos desde las alturas de esas mismas montañas (*defectu vis centrifugæ, qua in orbe permanserat, descenderet in terram, idque eadem cum velocitate qua gravia cadunt in illorum montium verticibus*). Evidentemente aquí está llamando este descuidado «fuerza centrífuga» a la inercia lineal.

Y en la Proposición XIX del citado *Liber tertius* habla de «la fuerza centrífuga que resulta del movimiento diario» (*vis centrifuga ex motu diurno oriunda*), y de que «la fuerza centrífuga de cada parte es al peso como 1 a 289» (*vis centrifuga partis cujusque est ad pondus ejusdem ut 1 ad 289*), proporción a la que se vuelve a referir en el corolario de la Proposición XXXVI, que trata de las mareas: *Cum vis centrifuga partium terræ a diurno terræ motu oriunda, quæ est ad vim gravitatis ut 1 ad 289, efficiat ut altitudo aquæ sub æquatore,* etcétera. «La fuerza centrífuga de las partes de la Tierra que resulta del movimiento diario terrestre, y que respecto a la fuerza de la gravedad está en la proporción de 1 a 289, en el ecuador eleva las aguas a una altura de tanto», etcétera. ¿Qué es eso de *vis centrifuga partium terrae*, «la fuerza centrífuga de las partes de la Tierra»? No sé qué significa. Ni en latín, ni en español, ni en marciano.

Otro ejemplo para probar que Newton no entendió la rotación de la Tierra: el Corolario 7 de la Proposición XXXVII del mismo *Liber tertius*, en que dice:

Et per tabulam praecedentem in prop. XX descriptam descensus erit paulo major in latitudine *Lutetiae Parisiorum* existente excessu quasi ⅔ partium lineæ. Gravia igitur per hoc computum in latitudine *Lutetiae* cadendo in vacuo describent tempore unius secundi pedes *Parisenses* 15 dig. 1 & lin. 4 25/33 circiter. Et si gravitas minuatur auferendo vim centrifugam, quæ oritur a motu diurno terræ in illa latitudine, gravia ibi cadendo describent tempore minuti unius secundi pedes 15 dig. 1 & lin. 1½. Et hac velocitate gravia cadere in latitudine *Lutetiae*.

Y por la tabla de la Proposición XX, la caída en la latitud de París será un poco mayor, en unas ⅔ partes de una línea más o menos. Según este cálculo, en un segundo, y en el vacío, los cuerpos caen en la latitud de París 15 pies de París, 1 pulgada y 4 líneas con 25 treintaitresavos de línea aproximadamente. Y si a la gravedad le restamos la fuerza centrífuga que se da por el movimiento diurno de la Tierra, en esa latitud los cuerpos caerán, en un segundo, 15 pies, 1 pulgada y 1 línea y media. Pues a esta velocidad caen los cuerpos en la latitud de París.

¡En el vacío! ¿Y quién, por Dios, podía medir en 1680 la caída de un cuerpo en el vacío? En 1654 Otto von Guericke inventó la primera bomba de vacío, y algo después dos paisanos y contemporáneos de Newton, dos Robertos ingleses y como él «filósofos naturales», Robert Boyle y Robert Hooke (a Hooke nuestro santo le robó la idea de la distancia al cuadrado), mejoraron la bomba. Pero por más mejorada que les hubiera quedado no servía para medir la caída de los cuerpos en París. ¡O qué! ¿Metían la catedral de Notre Dame en una campana de vidrio para hacer el vacío y poder después tirar desde sus torres una piedra? Eso sí, con la bomba de vacío que inventó, von Guericke realizó el que se conoce como «el experimento de los hemisferios de Magdeburgo». Magdeburgo es un pueblito alemán del que el experimentador era alcalde. Los hemisferios eran las dos mitades de una esfera de cobre que él había partido en dos y que se podían reacoplar por los bordes. Y el experimento, diabólico, consistía en que tras sellar los bordes de las dos mitades con grasa y sacarle el aire de adentro a la esfera con su bomba, el inventor, el burgomaestre, el satánico, frente al pueblo expectante de Magdeburgo ponía dos caballos a jalar de la esfera, uno de un lado y el otro del otro, y no lograban separar las dos mitades.

Ni más ni menos que la cohesión de Newton pero asociada al vacío como la había vislumbrado Galileo en estas frases premonitorias, inquietantes, de sus *Dos nuevas ciencias*:

Quella resistenza che hanno tutti i corpi solidi all'esser rotti, dependente da quel glutine che tiene le parti attaccate e congiunte, sì che non senza una potente attrazzione cedono e si separano. Si andò poi cercando qual potesse esser la causa di tal coerenza, che in alcuni solidi è gagliardissima, proponendosi principalmente quella del vacuo, che fu poi cagione di tante digressioni che ci tennero tutta la giornata occupati e lontani dalla materia primieramente intesa, che era, come ho detto, la contemplazione delle resistenze de i solidi all'essere spezzati.

Esa resistencia que oponen todos los cuerpos sólidos a que los rompan, y que depende del pegamento que mantiene sus partes unidas y no deja separarlas si no es con un esfuerzo muy grande. Nos pusimos después a buscar la causa de tal cohesión, que en algunos sólidos es enorme, y resolvimos que era principalmente el vacío, el cual nos tuvo todo el día ocupados alejándonos de nuestro tema, la resistencia de los sólidos a que los dividan.

La gravedad no la comprendemos ni la luz tampoco. De la materia por lo menos sabemos que en esencia es vacío. Y no solo en su estado gaseoso (pues caminamos sobre la superficie del planeta sin que el aire nos impida el paso), ni en su estado líquido (pues caminamos por una piscina sin que nos lo impida el agua), sino también en su estado sólido. ¿Me creerás, Vélez, si te digo que una lámina de oro está llena de vacío? Bombardéala con partículas alfa como hizo Rutherford, a ver si estas pasan o no pasan. ¡Claro que pasan! El átomo según Rutherford consta de vacío. De vacío y más vacío. Y en el corazón de este gran vacío (tan grande como el del alma humana pero nada ruidoso) se encuentra un núcleo pequeñísimo, en torno al cual giran unos electrones pequeñisisísimos. Si el átomo fuera del tamaño de un estadio, su núcleo sería del tamaño de una pelota de ping pong y sus electrones del tamaño de un huevo de pulga. Pero no te digo de una pulga cualquiera, Vélez: de una pulguita del país de Lilliput. Así que cuando compres barras de oro para protegerte de la devaluación del peso de tu país en bancarrota, ten presente que lo que estás comprando es vacío. Vacío que te venden a precio de oro. Mejor compra bonos del Tesoro norteamericano, que también son vacío, pero respaldado por la Reserva Federal de los Estados Unidos, la hampona universal que nada en los trillones.

¡Con que 15 pies de París 1 pulgada y línea y media! Tanta precisión en las medidas y en un libraco de medio millar de páginas, atestado de elucubraciones geométricas y razonamientos verbosos, no nos dice el autor qué es la fuerza centrífuga. Está como Darwin que en *El origen de las especies* no se tomó el trabajo de decir qué entendía por especie.

Para Newton la fuerza centrípeta de la gravedad era la niña de sus ojos, pero unos parrafitos sí le habría podido dedicar a la fuerza centrífuga, su cenicienta. Sí hay fuerza centrífuga, Vélez: es la que hace girar a la Tierra y nos quiere despedir como con una honda por el espacio infinito. Y Dios sí existe. Es el Agujero Negro de los Agujeros Negros, el Más Monstruoso Agujero Negro que haya concebido el hombre en su vesania.

Cuidémonos del vacío, de las fuerzas centrífugas y de los agujeros negros. Por tratar de comprenderlos Stephen Hawking se hizo llevar hasta el borde de uno de ellos, y el que le empujaba la silla de ruedas, de hijueputa, le dio un empujoncito más, de dos dinas, y el profesor lucasiano de la Universidad de Cambridge sucesor de Newton, el miembro del Gonville & Caius College y catedrático del Perimeter Institute for Theoretical Physics de Waterloo en Ontario y gran garrapateador de ecuaciones, cruzó el *point of no return* y se fue de culos con todo y silla rumbo a la negrura infinita. Si la luz, que viaja a 300 mil kilómetros por segundo, no se le arrima a un agujero negro porque se la traga, ¡qué se tiene que arrimar un cojo!

—¿A qué velocidad cae un cuerpo en un agujero negro, profesor?

—Depende, joven.

—¿De qué?

—De la masa.

—¿De la masa del cuerpo?

—No. De la masa del agujero negro. Todos los cuerpos, pesados o ligeros, caen con igual velocidad donde sea: en un agujero negro, en la Tierra, en la Luna. Pero eso sí, en la Luna caen lento, en la Tierra rapidito, y en un agujero negro a una velocidad endemoniada. Más que la de la luz elevada al cuadrado.

—¿Y no dizque nada puede ir más rápido que la luz?

—Esas son marihuanadas de Einstein. Más rápido que la luz van mis pensamientos. A la estrella Alfa Centauro, por ejemplo, voy en un tris y en otro vuelvo. Me echo como quien dice ocho años luz en dos trises.

—Un pensamiento no tiene masa.

—Mire joven: la luz es energía y la energía es masa.

La luz ultravioleta, por ejemplo, tiene mucha energía (o sea mucha masa); la luz azul, menos (o sea menos masa); la luz roja, mucho menos (o sea mucho menos masa); y la infrarroja, poquita (o sea poquita masa). En cuanto a los pensamientos, los hay vacuos como los del profesor Vélez que les da cosmología, y luminosos como los del padre Arango, el teólogo, que probó la existencia de Dios siguiéndole el vuelo a una mosca. Ahora bien, ¿por qué decimos que un pensamiento es luminoso? Porque tiene luz. Y por lo tanto energía y masa. Pues con mucha masa o con poca, en el vacío todos los pensamientos caen igual, como las piedras. No se metan con la velocidad de la luz, muchachos, mientras no hayan entendido la caída de los cuerpos. Sobre la superficie de la Tierra (y en el vacío, claro) los cuerpos caen con una velocidad uniformemente acelerada de 9.8 metros por segundo cada segundo: *il moto naturalmente accelerato* de Galileo.

—¿Y por qué dice, profesor, «por segundo cada segundo»? ¿No le sobra ahí un «segundo»?

—No. Si yo estuviera hablando de velocidad, diría simplemente a tantos segundos. Pero como estoy hablando de aceleración, por eso digo «por segundo cada segundo», o sea segundos al cuadrado, que se escriben s^2.

—¿Como los metros al cuadrado, m^2?

—No, porque los metros al cuadrado miden una superficie, que se da en el espacio, y los segundos al cuadrado una aceleración, que se da en el tiempo. La superficie es espacio simultáneo, y los segundos son tiempo sucesivo. Y no me vayan a salir ahora como Vélez con la marihuanada del espacio-tiempo einsteniano. El espacio consta de tres dimensiones: largo, ancho y alto. El tiempo en cambio solo consta de una, la de sí mismo.

—Metros al cuadrado miden una superficie, metros al cubo miden un volumen. ¿Pero cómo puede haber segundos al cuadrado, si el tiempo no tiene más que una dimensión? Con todo respeto, profesor, un segundo no se puede elevar al cuadrado. Ni al cubo.

—Se puede porque se puede. Si usted eleva a Dios a la tercera potencia, le da la Santísima Trinidad: Padre, Hijo y Espíritu Santo. Ahí tiene a Dios al cubo. Y si se puede elevar a Dios, que es eterno, al cubo, ¡no se va a poder elevar un mísero segundo humano al cuadrado!

Y no se metan, por Dios, muchachos, con la luz mientras no hayan entendido la caída de los cuerpos. Ni discutan tampoco la notación matemática, que es absurda, sí, estúpida, pero si la discuten se van a quedar sin graduar, y sin graduarse no van a tener diploma, y sin diploma no van a tener con qué mantener a sus hijos. Está bien que piensen, pero no se pasen de la raya. Todo tiene un hasta aquí, y ni se diga en la Universidad de Antioquia que figura en el ranking mundial de las mejores universidades del mundo: en el puesto 1550. Estamos tan orgullosos de ella...

La caída de los cuerpos parece simple, pero es compleja. Si un gordo de 120 kilos (pesado en báscula de taller de carros) y un flaco de 40 (pesado como costal de papas en balanza de granero), ¿por qué, pregunto, si los tiramos simultáneamente desde lo alto de la Torre Inclinada de Pisa caen igual? He ahí el misterio de los misterios, el de la caída de los cuerpos. El día que ustedes, jóvenes, lo resuelvan, se van a ganar el premio Nobel de física.

—Pues el gordo que usted dice, profesor, caerá igual que el flaco, pero no bien llegan a tierra el gordo abre un hueco enorme en el suelo mientras que el flaco no. ¿Cómo nos lo explica?

—Por el ímpetu o momento.

—¿«Ímpetu» son ganas de caer?

—El ímpetu es un concepto físico, o sea metafísico, o sea filosófico, o sea mentiroso. Y el momento otro. Y aunque son una sola y la misma cosa difieren. El ímpetu es masa multiplicada por velocidad. Y el momento, velocidad multiplicada por masa. Así que ímpetu multiplicado por momento da 1 al cuadrado, o sea 1.

—Ah... ¡Por fin nos quedó claro! El que cae con ímpetu cae en un momento, o sea en un segundo. Pero no en un segundo elevado al cuadrado, que no existe, sino en un segundo simple. Gracias, maestro.

—No hay de qué. Y no me llame «maestro», que no soy carpintero y no hago mesas. Dígame «profesor».

—De acuerdo, profesor.

—Tampoco me diga «de acuerdo» porque usted y yo nunca estaremos de acuerdo en nada. Diga «bueno».

—Bueno.

Bueno pues. El ímpetu, el momento, el trabajo y la energía son conceptos físicos. Lo que pasa es que por la falta de imaginación lingüística y cultura que caracteriza a los físicos, para designarlos estos han recurrido al idioma de la vida, al diario, al rotatorio, y se han dado a violentarlo. Nadie les dice nada. Les tienen pavor. Yo no. A mí que no me vengan a asustar con su garrapateo de ecuaciones. Se paran frente a un pizarrón y empiezan a emborronar ecuaciones con una tiza como excreta notas por una trompeta un negro tocando jazz. Y punto. El 99 por ciento de cuanto existe es inmaterial. El resto es materia.

—¿Y no dijo pues que la materia era vacío?

—Exacto. El 1 por ciento es materia, o sea vacío. El resto es inmateria.

Pero eso sí, hay materias de materias. Ustedes por ejemplo, muchachos, son materia visible, palpable, olfateable. En cambio el profesor Vélez es un coco hueco, vacío. Una entelequia pachorruda sin materia agente y que por lo tanto se puede elevar a la décima, a la centésima, a la enésima potencia, sin que por ello caiga. Jamás Vélez adquirirá consistencia de cuerpo presente. Sube como los gases de Aristóteles. Suéltenlo desde la Torre Inclinada de Pisa y no cae. ¿Por qué? Porque un vacío no puede caer en otro vacío.

—¿Y si lo tira en el agua, profesor?

—Si no podemos con la materia tocable, asible, agarrable, nos vamos a meter con lo que se nos escurre de las manos...

Dejemos en paz el agua, que es inasible. Y el aire ni se diga. Lo podemos ventear, pero no agarrar. Contentémonos con apresar los sólidos y dejemos los líquidos y los gases para inteligencias de otro planeta. ¿Cuántos son los estados de la materia, a ver? Díganme.

—Tres, profesor: sólido, líquido y gaseoso.

—Les faltó el plasma.

El profesor Vélez es gaseoso, yo soy plasmático, como el Espíritu Santo. Por mí pasan los relámpagos como un rayo de luz por la virginidad de la Virgen sin romperla ni mancharla. Según el profesor Vélez el Universo empieza en el Big Bang, a partir del cual él nos va reconstruyendo paso a paso su historia hasta llegar al *Homo sapiens*. Se le hace agua la boca a este todólogo hablándonos de la radiación cósmica de microondas, de los cuásares, del plasma, de la teoría de cuerdas, del bosón de Higgs... Es una Wikipedia andante.

Resumiendo: el momento es masa multiplicada por velocidad; el ímpetu, velocidad multiplicada por masa; la fuerza, masa multiplicada por aceleración o Segunda Ley de Newton; y la energía, masa multiplicada por la velocidad de la luz elevada al cuadrado o Primera Ley de Einstein. ¿Qué tienen en común todas estas ecuaciones?

—La masa, profesor.

—Exacto. La masa, que está en todo. Donde hay masa hay movimiento y donde hay movimiento hay velocidad y donde hay velocidad hay aceleración y donde hay aceleración hay energía y trabajo. Multipliquen masa por lo que quieran y sacan adelante al país y le solucionan el desempleo y entonces los comunistas podrán decir, por fin, que las masas tienen trabajo.

—¿Por lo que uno quiera? ¿Se puede multiplicar la masa por la insuficiencia cardíaca?

—¡Claro! Masa multiplicada por insuficiencia cardíaca da infarto o Primera Ley de Vélez. ¿No le oí decir pues el otro día a este imbécil que un gordo tiene más propensión al infarto que un flaco porque es más «masivo»? Y a propósito, me está esperando en la cafetería. Ciao, muchachos. Y me llegan a clase mañana puntuales. No se pongan a ver fútbol esta noche que el fútbol y la religión embrutecen.

Como la luz, Vélez (según les decía hace un momento a unos *undergraduates*), los pensamientos tienen masa: unos poca, otros mucha. Pero con poca o con mucha masa, si uno los tira desde lo alto de la Torre Inclinada de Pisa caen igual, como las piedras. Suelta tú un par de piedras o de pensamientos desde arriba de ese *campanile* famoso (coordinando eso sí las manos para que el lanzamiento sea simultáneo y habiendo hecho previamente el vacío), y verás que caen al mismo tiempo, independientemente de su peso o masa o «cantidad de materia», como diría Newton. Es lo que yo llamo «el misterio de la caída de los cuerpos». Y mientras no lo resuelva no duermo. Y si no duermo, me muero. Así que ve preparándome un homenaje post mortem en la Universidad de Antioquia. No me lo hagas, Vélez querido, en el Aula Máxima, que me queda grande. Que sea en el Paraninfo, que es chiquito, para que se replete. Me pones el ataúd entre dos cirios (pascuales), pero sin Cristo en crucifijo, que yo no creo en ese pendejo.

La *Giornata terza*, o Tercer Día, del *Discorsi e dimostrazioni matematiche intorno a due nuove scienze* (las *Dos nuevas ciencias* de Galileo, que están compuestas como un diálogo entre tres personajes) trata del movimiento uniformemente acelerado y del movimiento parabólico. El acelerado acelera, y el parabólico desacelera. Empecemos por el que acelera.

Moto equabilmente, ossia uniformemente accelerato, diciamo quello che, a partire dalla quiete, in tempi eguali acquista eguali momenti di velocità. Fermata cotal definizione, un solo principio domanda e suppone per vero l'Autore, cioè: Assumo che i gradi di velocità, acquistati da un medesimo mobile su piani diversamente inclinati, siano eguali allorché sono eguali le elevazioni di quei piani medesimi.

Decimos que un movimiento es uniformemente acelerado cuando partiendo del reposo recibe iguales aumentos de velocidad en tiempos iguales. Establecida esta definición hago una única suposición, y es esta: que las velocidades que adquiere un cuerpo al caer rodando por diferentes planos inclinados desde una misma altura son iguales.

¡Tramposo! ¡Cómo va a ser la hipotenusa de un triángulo rectángulo igual que el cateto vertical! ¡Y cómo va a ser una hipotenusa larga igual que una hipotenusa corta! ¡Y rodando la bola además! Una bola que rueda recorre un espacio mayor que una bola que cae. ¿No sabías pues de curvas compuestas? Al rodar por tu plano inclinado tu rueda va trazando un cicloide, un deltoide, un astroide, un hipocicloide, un epicicloide, un epitrocoide, una roulette, una limaçon, una curva racional, una trascendental, una del grado 6, una del grado 7, escoge. Y una bola que rueda por una tabla está sostenida por esta. ¿Qué la sostiene cuando cae sin tabla?

—Muchachos, lean con atención los contratos, no se dejen meter gato por liebre. En la letra chiquita está la trampa. Y así como Galileo desafió la autoridad de Aristóteles, desafíen ustedes la de Galileo, aprendan su lección.

Las *Dos nuevas ciencias* están concebidas como un diálogo de tres personajes: Sagredo, que representa a Galileo, su amigo Salviati y el aristotélico Simplicio, medio bobo. Hagan de cuenta el hijo de Vélez, el matemático. Algo después de la definición del movimiento uniformemente acelerado Simplicio plantea una duda:

Io resto assai ben capace che il negozio deva succeder così, posta e ricevuta la definizione del moto uniformemente accelerato. Ma se tale sia poi l'accelerazione della quale si serve la natura nel moto di i suoi gravi descendenti, io per ancora ne resto dubbioso.

Habiendo aceptado la definición del movimiento uniformemente acelerado, me queda la duda de si esta aceleración es la que se da en la naturaleza en el caso de los cuerpos que caen.

A lo cual Salviati le responde que él y Sagredo han hecho muchas veces (cento volte replicate) la prueba de poner a rodar una bola de bronce muy dura, redonda y pulida (una palla di bronzo durissimo, ben rotondata e pulita), por una ranura de poco más de un dedo de ancho, muy recta, bien pulida y lisa (un canaletto poco più largo d'un dito, tiratolo drittissimo e per averlo ben pulito e liscio), tallada (incavato) en una tabla de cerca de 12 brazos de largo por medio brazo de ancho y 3 dedos de grueso (lungo circa 12 braccia, e largo per un verso mezzo braccio e per l'altro 3 dita). Colocando la tabla inclinada, con uno de sus extremos a 1 o 2 brazos de altura, echaban a rodar la bola por la ranura e iban midiendo, de la manera que iban a decir en seguida, el tiempo que se tardaba en bajar la tabla entera (Costituito che si era il detto regolo pendente, elevando sopra il piano orizontale una delle sue estremità un braccio o due ad arbitrio, si lasciava scendere per il detto canale la palla, notando, nel modo che appresso dirò, il tempo che consumava nello scorrerlo tutto). Hacían bajar luego la misma bola una cuarta parte de la tabla solamente, medían el tiempo y resultaba que era la mitad del anterior (facemmo scender la medesima palla solamente per la quarta parte della lunghezza di esso canale; e misurato il tempo della sua scesa, si trovava sempre puntualissimamente esser la metà dell'altro). Probaban luego con otras distancias comparando los tiempos, y encontraban siempre, con cualquier inclinación del plano, que los espacios recorridos estaban en proporción de los tiempos elevados al cuadrado (e facendo poi l'esperienze con qualunque altra divisione, sempre s'incontrava gli spazii passati esser tra di loro come i quadrati e i tempi, e questo in tutte le inclinazioni del piano). Aquí tienen en todo su esplendor una cantidad, la del tiempo, elevada al cuadrado. Años después Newton elevó la distancia al cuadrado, que según él es como disminuye la gravedad. ¡Con razón el taimado Einstein elevó la velocidad de la luz al cuadrado! Se apuntalaba así en lo más chic de los físicos del pasado para cagarse en ellos.

En cuanto a la medida del tiempo, tenían los experimentadores un cubo lleno de agua colocado en alto, del cual por una cánula delgada que le habían soldado en el fondo iba cayendo un hilito de agua que recibían en una copa durante lo que durara la caída, gota a gota, para pesar luego las gotas en una balanza, dándoles la diferencia y proporción de los pesos de las gotas la proporción de los tiempos (dandoci le differenze e proporzioni di i pesi loro le differenze e proporzioni di i tempi), y esto con tal exactitud que habiendo hecho el experimento muchas veces los resultados no diferían mayormente. Entonces no había más relojes que los de sol o los de arena. A veces en sus experimentos Galileo medía el tiempo con el latido del corazón. ¡Qué hermoso! Me conmueve. Pero no le creo.

¿Cuántos metros cae una piedra en el primer segundo según Galileo? Esto es como preguntarle a Newton que de cuánto es la gravedad a una altura dada. Estos sabios de antes no se andaban con medidas, como quiere Vélez, todo lo resolvían con proporciones. Padecían de proporcionitis crónica. ¡Pobres! Todavía no nacía el Sistema Métrico Decimal ni su hijo el Sistema Internacional de Unidades, y los filósofos naturales tenían que medir con los pies o con los brazos. En fin, midiendo con pies o brazos lo que le preocupaba a Galileo no era lo esencial, el hecho de que todos los cuerpos, pesados o ligeros, caigan igual, sino que cayeran con movimiento uniformemente acelerado. Como Newton, cuya preocupación no era entender la gravedad sino que disminuyera según la distancia elevada al cuadrado. ¡Al cuadrado o al cubo me importa un carajo! Ni me importa tampoco que los cuerpos caigan con movimiento acelerado o desacelerado. Quiero saber qué es la gravedad y por qué cae igual lo pesado que lo ligero. Y resolver de paso otros misterios que mi olfato me dice que están relacionados con ellos, a saber:

29

1) Si a la distancia a que está la Luna ponemos a girar en su misma órbita en torno a la Tierra un satélite artificial, que es infinitamente más pequeño, ¿por qué este gira a la misma velocidad a que gira ella, a 1 kilómetro por segundo?

2) ¿Por qué nuestros satélites artificiales no tienen movimiento de rotación mientras que los satélites naturales sí?

3) El movimiento de traslación de los planetas aumenta según la distancia a que estén del Sol, y así el de Mercurio, el más cercano, toma 88 días, y el de Plutón, el más lejano, 247 años. ¿Pero por qué todos los planetas rotan sobre sus ejes con distinta velocidad? En días terrestres la Tierra rota en 1 día, Mercurio en 58 días, Marte en 1 día y 40 minutos, Júpiter en 9 horas, Saturno en 10 horas, Urano en 14 horas, Neptuno en 16 horas y Plutón en 6 días. Y Venus en 243 días, más que lo que le toma recorrer su órbita, que traza en 224 días. O sea que un día venusino es más largo que un año. La velocidad a que rota Venus en su ecuador es de 6 miserables kilómetros por hora, ¡en cambio nosotros en el ecuador terrestre vamos a 1670 kilómetros por hora! Menos mal que la pseudofuerza centrífuga es tan *pseudo* que no nos despide rumbo a la próxima galaxia con una patada en el trasero.

Como esta obrita encomiosa está concebida para publicarse en la prensa escrita por entregas con el fin de aumentar el suspenso, en la entrega 20 doy la respuesta a tan tremendos interrogantes y desvelo los tres misterios. Primero el primero, después el segundo y después el tercero. A cada capillita le llega su fiestecita.

Pues bien (para no dejar como *coitus interruptus* mi último razonamiento), el período orbital de nuestra Luna es igual a su período rotacional: 27 días. Se tarda lo mismo en girar sobre sí misma que en darle una vuelta a la Tierra. De donde deduzco que entre los múltiples atributos que ya le conocemos al Gran Agujero Negro alias Dios (como el de ser eterno, omnisciente, bondadoso, etc.), hemos de agregarle el de ser muy caprichoso en sus dones. ¡Cómo es que nos regala a los terrícolas esa coincidencia en la rotación y en la traslación de nuestra Selene! Prueba innegable de que nos quiere.

No existe una correlación entre los movimientos de rotación y de traslación de los planetas, Vélez. Y no me vayas a salir con que la explicación está en el pasado de cada uno y que la rotación ha ido variando con el rodar del cosmos. ¡Me importa un carajo la historia cósmica! Lo que quiero saber es lo que no explicó Newton: por qué rotan.

Un *braccio* de los tiempos de Galileo era la medida de ambos brazos extendidos, y equivalía a 1.8 metros nuestros, centímetro más, centímetro menos. Colocada contra la pared la mencionada tabla a 1 *braccio* de altura, quedaba pues a 1.8 metros del suelo; y a 2 *braccia*, a 3.6 metros. Dicen los que saben porque lo han medido, que un cuerpo cae 4.9 metros en el primer segundo, y en el segundo segundo 19.6 metros. La altura de 1 *braccio* o de 2 a que Galileo alzaba su rampa no daba pues ni para medir lo que cae un cuerpo al terminar el primer segundo. Y menos para cuando terminara el segundo segundo. Por eso la idea de la tabla o rampa inclinada.

Lo que midió (o trató de medir) Galileo no fue la caída libre de los cuerpos, la vertical, sino lo que rodaba una bola bajando por una ranura tallada en una tabla de 12 *braccia* (o sea de 21.6 metros de largo) y levantada a una altura de un *braccio* o de dos. Galileo hizo bajar la bola la tabla entera y midió el tiempo que le tomó, luego la hizo bajar la cuarta parte, o sea 3 *braccia* o 5.4 metros, midió el tiempo y resultó que era la mitad del tiempo anterior y no la cuarta parte como era de esperarse si el movimiento no fuera acelerado. Probó luego con otras distancias marcadas en la tabla, y comparando los tiempos encontró que la distancia recorrida con cualquiera de las alturas mencionadas de 1 brazo o de 2 estaba en proporción de los tiempos elevados al cuadrado. Estoy repitiendo lo que cité arriba en español y en italiano. Y ahora te pregunto, Vélez: ¿Por qué no dijo Galileo de cuánto eran los tiempos? ¿De fracciones de segundo? ¿De décimas de segundo? ¿De centésimas de segundo? Habría podido decir por lo menos cuántas gotas de agua caían del gotero en la rodada de 3 brazos. Querido Vélez, ¿estás contento con las medidas de Galileo? Después la intuición de este hombre terco y discutidor extrapoló su creencia de que los espacios recorridos variaban según el tiempo de caída elevado al cuadrado, subiendo *in mente* de los pocos brazos de altura de su rampa a todas las alturas (la del Everest, la de la Luna, la de Dios), y la convirtió en ley de la naturaleza. Ni rodar por un plano inclinado es caída libre, ni medir con gotas de agua lleva a nada. Si Galileo hubiera tenido una cámara de cine (de las de Lumière siquiera), habría filmado en ralenti la caída de su bola desde lo alto de la Torre Inclinada de Pisa, y habría ido determinando la posición de la bola en el primer fotograma, en el segundo, en el tercero... La altura de la Torre Inclinada de Pisa es de 56 metros, así que la filmación no le habría dado para medir gran cosa: solo la distancia recorrida en 3 segundos. En 3 segundos una bola cae 44.1 metros, y en 4 segundos 78.4 metros. Eso dicen. Mide, Vélez, a ver si sí.

¿Fue verdad que Galileo tiró diversos objetos desde lo alto de la Torre Inclinada de Pisa para ver si caían distinto (como decían sus contemporáneos que decía Aristóteles) o si caían simultáneamente? En sus *Dos nuevas ciencias* no lo dice. Fue su discípulo Vincenzo Viviani el que lo dijo, y que el experimento tuvo lugar delante de profesores y alumnos. Solo que lo contó en la biografía de Galileo que escribió años después de muerto este. Ahora bien, ¿qué le costaba a Galileo tirar lo que fuera desde lo alto de una torre? Ya desde 1575 Girolamo Borro, quien enseñaba filosofía en Pisa cuando estudiaba allí Galileo, andaba tirando cosas desde la ventana de su casa, si bien no para encontrar la verdad sino para probar la tesis que se le atribuía a Aristóteles de que los cuerpos pesados caen antes que los ligeros, pues Borro era aristotélico. Y es un hecho que en 1586, desde la Nieuwe Kerk o Iglesia Nueva de Delft, y desde una altura de 10 metros, Simon Stevin tiró bolas de plomo de distintos pesos sobre una plataforma de madera y determinó que caían igual. Sus observaciones quedaron consignadas en un libro que publicó en Leyden ese mismo año, *De Beghinselen der Weeghconst*, en flamenco, una lengua tan marginal entonces como hoy sigue siendo su pariente el holandés. Por tal razón el libro de Stevin se quedó en la oscuridad, tal como se me quedará a mí, Vélez, la biografía tuya que estoy escribiendo, pero ay, en español, en esta mísera lengua de veinte pueblos tercermundistas embrutecidos por España. Conformémonos con lo que nos dio Dios.

Hacia 1590 Galileo escribió en Pisa un librito sobre el movimiento, *De motu*, que dejó inédito, y en él menciona a Borro. *De motu* ha de ser el esbozo de las *Dos nuevas ciencias*, su última obra, su magna obra escrita ya casi ciego y al borde de la muerte, en la que después de considerar el que llama «movimiento uniformemente acelerado» de la caída de los cuerpos pasa a tratar del movimiento parabólico de los proyectiles, del que se siente dueño: È stato osservato che i corpi lanciati, ovverossia i proietti, descrivono una linea curva di un qualche tipo; però, che essa sia una parabola, nessuno l'ha mostrato. Che sia così, lo dimostrerò insieme ad altre non poche cose, né meno degne di essere conosciute: «Es sabido que los cuerpos que se lanzan, o sea los proyectiles, describen una línea curva de cierto tipo, pero nadie ha dicho que es una parábola. Demostraré que lo es junto con no pocas otras cosas dignas de que se conozcan». Décadas después Newton, prolongando este movimiento parabólico de Galileo al espacio extraterrestre, puso a girar a la Luna como cae una manzana. Sin la descomposición del movimiento parabólico de los proyectiles en dos partes que hizo Galileo, una el peso que los echa para abajo (la newtoniana «fuerza de gravedad») y otra la línea recta de la inercia lineal de Philoponus y Buridan, Newton nunca habría dado el salto de la manzana a la Luna. Tal como un proyectil va cayendo a la Tierra trazando una parábola, así la Luna va cayendo trazando un círculo. Girar es caer. Sin Galileo, Newton no existiría hoy, con todo y que inventó el telescopio de espejo y que descompuso la luz del Sol haciéndola pasar por un prisma. ¡Valiente gracia! Lo mismo hace la atmósfera cuando produce el arco iris después de un aguacero. En cuanto a Aristóteles, ¿de dónde querían que tirara piedras para ver cómo caían? ¿Desde el techo del Partenón? No me imagino a un filósofo peripatético trepando por las columnas del Partenón con un saco de piedras en la espalda. Para poder tirar uno piedras a ver cómo caen desde lo alto de una torre de iglesia primero tiene que haber iglesias. Además los peripatéticos eran caminantes, no alpinistas.

Por lo demás la aceleración de 9.8 segundos al cuadrado (la verdad de hoy) no es uniforme como pretendió Galileo: solo vale para unos pocos metros, no para cientos de metros o kilómetros, y ni se diga para las más altas capas de la atmósfera o del espacio extraterrestre. En el Everest, por ejemplo, los cuerpos caen con una aceleración menor que en un sitio que esté a nivel del mar. En el Everest un gordo pesa un poco menos que en las playas de Acapulco y cae un poco más lentamente. ¡Pero también un flaco! La gravedad no distingue entre flacos y gordos. A todos nos trata igual, democráticamente. El movimiento uniformemente acelerado de Galileo en realidad es un movimiento uniformemente acelerado-desacelerado. Y punto. Segunda Ley de Newton:

Mutationem motus proportionalem esse vi motrici impressæ, & fieri secundum lineam rectam qua vis illa imprimitur. Si vis aliqua motum quemvis generet; dupla duplum, tripla triplum generabit, sive simul & semel, sive gradatim & successive impressa fuerit. Et hic motus (quoniam in eandem semper plagam cum vi generatrice determinatur) si corpus antea movebatur, motui ejus vel conspiranti additur, vel contrario subducitur, vel obliquo oblique adjicitur, & cum eo secundum utriusque determinationem componitur.

Todo cambio en el movimiento es proporcional a la fuerza motora y se da en línea recta y en la dirección en que esta fue impresa. Si una fuerza produce un movimiento, el doble de fuerza producirá el doble de movimiento, y el triple de fuerza producirá el triple de movimiento, tanto si la fuerza se imprimió de golpe o gradualmente. Y si el cuerpo ya estaba en movimiento, pues al que ya tenía se le suma el de la fuerza si esta se ejerce en su misma dirección, o se le resta si esta se ejerce en sentido contrario. Y si la fuerza fue oblicua, pues produce un movimiento oblicuo, o sea compuesto.

Para qué dos leyes, si con una sola basta: «Todo cuerpo sigue quieto si está quieto, o moviéndose uniformemente en línea recta si así se está moviendo, a menos que otro cuerpo lo saque de su quietud o de su movimiento uniforme y recto dándole un empujoncito».

—¿Y el trompo y la rotación de la Tierra sobre su eje, dónde los deja, profesor?

—Donde los dejó Newton, en veremos.

—¿Y la aceleración?

—Está en el «empujoncito».

—¿Y la masa?

—Está en el primer «cuerpo».

—¿Y de la Tercera Ley nos va a decir que no es verdadera?

—Sí. Tanto como el Espíritu Santo. La Tercera Ley, la de que toda acción produce una reacción igual pero contraria, es tan estúpida que no se le ocurre ni a Vélez. ¿Cuándo han visto, muchachos, que una piedrita que ustedes mueven con el zapato los mueva en respuesta a ustedes? Y no vayan a interrumpir ahora en sus meditaciones al profesor Vélez para preguntarle si sí, que él está concentrado en su alimento predilecto: el pienso.

—La Segunda Ley de Newton dice: F = ma, o sea Fuerza es igual a masa multiplicada por aceleración. ¿Es así, o nos equivocamos y también nos lo va a negar, profesor?

—Esa fórmula es invento de charlatanes posteriores a Newton, no suya. Él no usaba ecuaciones. No era algebraico como Vélez. Nunca se empantanó él en el álgebra: se empantanaba en la geometría.

Repito el comienzo de la Segunda Ley: «Todo cambio en el movimiento es *proporcional* a la fuerza motora». Newton dice «proporcional», no «igual». Ahí no está implícito el signo de las dos rayitas. Me armo de tiza y paso al tablero. La igualdad se escribe así: =, con dos rayitas superpuestas y paralelas, el signo que inventó Recorde un siglo antes de que naciera Newton. Y la proporcionalidad así: ∝, con una o pegada a una c. Newton, como Galileo, padecía de proporcionitis.

—¿Y por qué no dijo Newton: «Todo cambio en el movimiento es igual a la fuerza motora»?

—Porque movimiento no puede ser nunca igual a fuerza. Son dos cosas distintas. Newton no era tan deshonesto como Einstein.

¿No dijo pues este impostor que $E = mc^2$? Que la Energía es igual a la masa multiplicada por la velocidad de la luz al cuadrado. Lo cual no es una ecuación sino una definición: la de energía, según él, porque así le cantó el culo. Yo la defino distinto: $E = mc^3$. Energía es igual a masa multiplicada por la velocidad de la luz al cubo. Mucho más elegante, ¿o no? Da más un cubo que un cuadrado. ¿Por qué? Porque el cubo es tridimensional y el cuadrado bidimensional. ¿Y el tiempo? Unidimensional como les dije. No hay espacio-tiempo y punto. El que me salga con esta marihuanada no pasa el año.

Vuelvo a los *Principios* para acabar con Newton. Antes de sus tres Axiomas o Leyes del Movimiento (Axiomata sive Leges Motus) nos sirve de aperitivo cinco definiciones. La tercera empieza diciendo:

Materiæ vis insita est potentia resistendi, qua corpus unumquodque, quantum in se est, perseverat in statu suo vel quiescendi vel movendi uniformiter in directum.

La fuerza innata de la materia es el poder de resistir, por el cual todo cuerpo, en cuanto está en él, persevera en su estado actual, bien sea quieto o moviéndose uniformemente en dirección recta.

Esto no es una definición, con perdón, Isaac: es tu axioma o ley de la inercia. Fíjate en tu Primera Ley y verás. Ya estás pues como Einstein, metiéndonos definiciones por verdades. A tu Primera Ley simplemente le agregaste «salvo que fuerzas impresas los obliguen a cambiar». A tu Tercera

Definición la has debido llamar pues Primera Ley. Y a tu Primera Ley, Segunda Ley. Y a tu Tercera Ley, mierda. ¡Cuánto has confundido a la crédula humanidad durante los tres largos siglos transcurridos desde tus *Principios*!

Y dice tu Cuarta Definición:

Vis impressa est actio in corpus excercita, ad mutandum ejus statum vel quiescendi vel movendi uniformiter in directum. Consistit hæc vis in actione sola, neque post actionem permanet in corpore. Perseverat enim corpus in statu omni novo per solam *vim inertiae*. Est autem vis impressa diversarum originum, ut ex ictu, ex pressione, ex vi centripeta.

Una fuerza impresa es la acción que se ejerce sobre un cuerpo para cambiarle su estado, bien sea este de quietud o bien sea de movimiento uniforme hacia adelante en línea recta. Esta fuerza consiste solamente en la acción y cuando se acaba no permanece en el cuerpo pues los cuerpos conservan el nuevo estado adquirido por la sola fuerza de la inercia. Las fuerzas impresas tienen distintos orígenes: la percusión, la presión o las fuerzas centrípetas.

Ahora resulta que la inercia es una fuerza (*vis inertiae*), no un axioma o ley, el del estado continuo de los cuerpos no perturbados. ¿Y no llamabas pues *vis insita* o fuerza innata en tu Tercera Definición a lo que en la cuarta llamas *vis inertiae* o fuerza de la inercia? ¿Por qué te dio por escribir esos *Principios* tan joven, a los 44 años? Has debido rumiarlos más.

Tu Quinta Definición la dedicas a lo que llamas fuerzas centrípetas, de las cuales una es la fuerza de la gravedad, por la que los cuerpos tienden al centro de la Tierra. Otra el magnetismo, por la que el hierro tiende al imán. Y otra la de una piedra que hacemos girar en una honda. Y que del mismo modo que la honda, dices, giran todos los cuerpos que trazan órbitas. Cito en lengua del Lacio:

Hujus generis est gravitas, qua corpora tendunt ad centrum terræ; vis magnetica, qua ferrum petit magnetem; & vis illa, quæcunque sit, qua planetæ perpetuo retrahuntur a motibus rectilineis, & in lineis curvis revolvi coguntur. Lapis, in funda circumactus, a circumagente manu abire conatur; & conatu suo fundam distendit, eoque fortius quo celerius revolvitur; &, quamprimum dimittitur, avolat. Vim conatui illi contrariam, qua funda lapidem in manum perpetuo retrahit & in orbe retinet, quoniam in manum ceu orbis centrum dirigitur, centripetam appello. Et par est ratio corporum omnium, quæ in gyrum aguntur. Conantur ea omnia a centris orbium recedere.

Mentiroso, tramposo. ¡Cómo pones la gravedad y el magnetismo, que son fuerzas inmateriales (si es que son «fuerzas», y yo digo que no), en el mismo caso que la honda, en la que hay un contacto físico, material, de esta con la mano que la hace girar cargada con la piedra! Y puesto que hablas de órbitas, estás poniendo a girar a la Luna en torno a la Tierra como una piedra en una honda, siendo así que entre la Tierra y la Luna no hay ningún contacto material, ninguna cuerda. En tu Cuarta Definición dijiste que las fuerzas impresas tenían distintos orígenes: la percusión, la presión o las fuerzas centrípetas. Mañosamente pues, has deslizado tu fuerza centrípeta de la gravedad, que es inmaterial, entre fuerzas materiales.

En tu expresión «fuerza de gravedad» (*vis gravitatis*) sobra «fuerza» (*vis*). Lo de fuerza es un invento tuyo, un engaño. Con gravedad (*gravitas*) como decía todo el mundo y como tú muchas veces también la usas bastaba. En latín *gravitas* significa peso, pero también *pondus* significa peso, y desde la primera de tus definiciones le cambiaste a *pondus* el significado:

> Quantitas materiæ est mensura ejusdem orta ex illius densitate et magnitudine conjunctim. Hanc autem quantitatem sub nomine corporis vel massæ in sequentibus passim intelligo. Innotescit ea per corporis cujusque pondus, nam ponderi proportionalem esse reperi per experimenta pendulorum accuratissime instituta, uti posthac docebitur.

> La cantidad de materia es la medida de la misma, y resulta de la densidad y el volumen conjuntamente. A esta cantidad la llamo en adelante cuerpo o masa. Y también se conoce como el peso de un cuerpo, pues es proporcional a él, como he encontrado mediante experimentos muy cuidadosos con péndulos, según mostraré más adelante.

¡Y dale con tu proporcionitis! ¡Y cantidad de materia! ¡Como si supieras qué es materia! ¿Densidad multiplicada por volumen? ¿Densidad de qué? A ver. ¿De vacío? La materia es vacío y eso lo sabe cualquier Vélez. ¡Qué gran mal le hiciste con tu Primera Definición al mundo, Isaac! Introdujiste el ocioso concepto de masa o cantidad de materia. Con peso bastaba entonces y basta ahora, sobra masa. Te hubiera matado tu padre Abraham en vez del carnero...

E introducido subrepticiamente en esa definición engañosa el concepto de masa, lo fuiste deslizando en tus *Principios*, tu *Suma teológica*, como deslizaba en la suya el gordo Aquino a Dios. Por ejemplo en tu Cuarto Corolario de tu Proposición 37 de tu Tercer Libro:

Et cum vera diameter lunæ ex observationibus astronomicis sit ad veram diametrum terræ ut 100 ad 365; erit massa lunæ ad massam terræ ut 1 ad 39,788.

Y como el verdadero diámetro de la Luna, según han observado los astrónomos, está respecto al verdadero diámetro de la Tierra como 100 a 365, la masa de la Luna respecto a la de la Tierra está en la relación de 1 a 39.788.

¡Más proporcionitis! Dinos de cuánto es la masa de la Tierra para dividirla por 39.788 y saber la de la Luna.

Y te pregunto en este punto una cosa, Vélez: ¿Sí te diste cuenta de que el 39,788 que puso Newton con coma yo lo traduje con punto y puse 39.788? Es que en el inglés de hoy, el idioma de la ciencia, las fracciones decimales se ponen después de punto y no después de coma como cuando Newton, en tiempos de pelucas. Tú que eres un medidor nato y que te atienes al Sistema Métrico Decimal y a su hijo el Sistema Internacional de Unidades dime cómo interpretas ese 39,788: ¿como treinta y nueve unidades seguidas de setecientas ochenta y ocho fracciones de unidades? ¿O como treinta y nueve mil setecientos ochenta y ocho? La diferencia es grandecita... Yo soy de letras, tú eres de números. Yo quiero entender, tú medir lo que no entiendes.

Y cuando hables de billones conmigo ten presente que por billón significo un 1 seguido de doce ceros, como en Francia y en España, y no seguido de nueve ceros como en los Estados Unidos. ¡Ah malditos gringos, tan ventajosos! Quitando para poner y poniendo para quitar. Al que pueden lo atracan.

El que sí pesó la Tierra fue Cavendish, que midió su densidad con un alambrito y cuatro bolas. Y sabiendo uno la densidad, pues multiplica por el volumen y sabe el peso.

Y sabiendo el peso, Vélez, sabrás el golpe de la caída. En la Luna, por ejemplo, una papa cae con menos fuerza que en la Tierra. Y entiendo por papa, Vélez, no una papisa sino el tubérculo.

En 1798, setenta y un años después de tu muerte, Newton, el newtoniano Cavendish midió la densidad de la Tierra y le dio 5.48 más que la del agua. En tu Proposición Décima de tu Tercer Libro de tus *Principios* conjeturas que «Es probable que la cantidad total de materia de la Tierra sea cinco o seis veces mayor que si consistiera solo de agua»: Verisimile est quod copia materiæ totius in terra quasi quintuplo vel sextuplo major sit quam si tota ex aqua constaret. Tú estabas hablando de masa total, Cavendish de densidad, pero ambos se referían a lo mismo, pues si sabemos la densidad, la multiplicamos por el volumen y así tenemos la masa. Y si sabemos la masa, pues dividimos el volumen por la masa y así tenemos la densidad. El problema contigo y con Cavendish es que estaban midiendo en agua. A mí las medidas en agua no me sirven. Ni en aire. No quiero que me midan la Tierra y la Luna en agua ni en aire ni en proporciones: las quiero en kilogramos contantes y sonantes, como Vélez, porque este pendejo, que no cree en Dios, tiene el viejo patrón metro del Sistema Métrico Decimal que usaban en París instalado en la pared sobre la cabecera de su cama. ¡Y le prende velitas! Que no te vayan a quemar la casa, Vélez, las velitas, que con lo que nos pagan en la U de A no nos da ni para comprar una chabola.

Escribe Cavendish: «By a mean of the experiments with wire first used, the density of the earth come out 5,48 times greater than that of water». Traduzco, no para ti, Vélez, que algo de inglés entiendes, sino para mi mamá que nunca lo aprendió y murió hace 25 años a los 115 y hoy está en el cielo donde no hablan esa fea lengua de rapaces y ventajosos:

«Por un promedio de mis experimentos con el alambre que usé, la densidad de la Tierra resulta ser de 5.48 veces más grande que la del agua». ¿Ves? ¿Te das cuenta de lo que te digo? ¿De lo tramposo que era Cavendish? Los experimentos los hizo con dos bolas grandes y dos chiquitas y las cuatro de plomo, y nos da la medida en agua.

—¿Y cuánto pesa en últimas la Tierra, profesor?

—Pesa 5,972,360,000,000,000,000,000,000 kilogramos. Cinco billones novecientos setenta y dos mil trescientos sesenta millones de millones de millones, que es lo que tengo en el banco.

—¿Y por qué no lo dice en notación científica redondeando: 6×10^{24}?

—A mí no me gusta hablar en notación científica ni el redondeo. Yo hablo en trillones, cuatrillones, quintillones. Y si quisiera hacer la cuenta más rápido que usted, peso la Tierra en aceleración de caída y digo: nueve punto ocho metros por segundo al cuadrado.

En la Luna 60 kilos (que es lo que peso yo por tanta pérdida de masa-energía que se me escapa como humo del cerebro) pesan 10 porque la gravedad de la Luna es la sexta parte de la de la Tierra. ¿Y por qué no lo dicen así como lo estoy diciendo, sin la newtoniana distinción entre peso y masa digna de la peor basura escolástica que hace que cualquier burro togado de los de hoy, cualquier Vélez, vaya soltando esta flatulencia: «En la Tierra 60 kilos de masa pesan 588 newtons (60 multiplicado por la aceleración terrestre de 9.8); y en la Luna pesan 96 newtons (60 multiplicado por la aceleración lunar de 1.6 metros)»?

¡Qué te ibas a imaginar, Isaac Newton, tú que en proporcionitis desbancaste a Galileo, que andando el tiempo y rodando la Tierra y la Luna y las bolas de Galileo y de Cavendish los lacayos del signo igual te iban a convertir en la medida de la fuerza! Le hubieran puesto tu nombre a una calle... O a un cráter. ¡Para qué newtons! Si la gravedad no es una fuerza, entonces no la podemos medir como fuerza.

—Y si no es fuerza, ¿qué es, profesor?

—Ya lo dijo Newton en su Escolio: no sabemos.

—¿Y si no sabemos qué es la gravedad y si no existe la masa sino el peso, en qué pesó usted, profesor, la Tierra, para poder decir que pesa lo que pesa?

—En la balanza de Dios, que es exacta. Del lado izquierdo puse la Tierra, y del derecho, de contrapeso, las bolas de Cavendish.

La gravedad de la Tierra es su masa y su masa es su peso y su peso la aceleración de caída. Y solo esto le dejo de herencia al mundo. ¿Saben cómo pide Vélez en el supermercado un kilo de papas? «Deme, señorita, 9.8 newtons de estos tubérculos». Confunde la masa con el peso, el peso con la fuerza, la fuerza con la gravedad y las papas con el culo.

Muerto Newton se empezó a hablar de campo gravitatorio, tal como se hablaba de campo magnético desde el siglo XIII cuando Petrus de Maricourt dibujó el de un imán esférico usando agujas de hierro. En nuestros días al embaucador Einstein, el *con artist*, el decano de la estafa, le dio por hablar del espacio-tiempo. Yo llamo a la gravedad la esfera gravitatoria. En la superficie de la Tierra, donde termina su materia, empieza su esfera gravitatoria, que es inmaterial como el alma. Mide un millón de kilómetros según calculé el otro día, y se va debilitando a medida que nos alejamos de su superficie. Un satélite artificial que gira en órbita de la Tierra a 36,000 kilómetros de altura va a 7 kilómetros por segundo. En cambio la Luna, que gira en órbita a 380,000 kilómetros, va a solo 1 kilómetro por segundo pues a esa distancia la esfera gravitatoria ya está muy debilitada.

—¿Y después del millón de kilómetros que usted calculó que tiene la esfera gravitatoria de la Tierra, qué pasa?

—¿A un millón y un metro de kilómetros digamos?

—Ajá.

—Pasa que se acabó de morir el moribundo. «C'est fini l'argent, c'est fini l'amour», le dijo a un francés una puta en México.

La esfera gravitatoria es el alma de la Tierra. Pero a diferencia del alma mía que aumenta con el tiempo y se agranda, aquella disminuye con el espacio. La graviesfera, tal como la magnetosfera y la electrosfera, avanza menguando. La gravedad y yo somos iguales pero al contrario. Ella se achica, yo me dilato. Ella se encoge, yo me ensancho. En cambio la luminosfera se agranda, se extiende, se ensancha, a razón de 300 mil kilómetros por segundo. Y cuando llega, ¡pum!, se apaga. Llegar para la luz es morir. Ella solo existe en el instante en que la emite el cuerpo luminoso (el Sol, una vela) y en el instante en que llega, esto es, cuando topa con pared. Entonces se la traga la materia. En el camino la luz no existe, es una entelequia paradójica. «To be or not to be», dijo Hamlet, un pobre hombre que por las brumas del Norte (como Newton y Cavendish) se enloqueció. No, Hamlet, la luz te contradice: mientras viaja es sin ser.

Newton nació en 1642, el año en que murió Galileo. La coincidencia no puede ser más diciente. Lo esencial de Newton está en Galileo: el movimiento parabólico de los proyectiles, que hizo subir a Newton de la manzana a la Luna y del que tratan las *Dos nuevas ciencias* galileanas, en cuya Cuarta Jornada se explica como un movimiento compuesto de inercia hacia adelante y peso hacia abajo: Un proietto, mentre si muove di moto composto di un moto orizzontale equabile e di un moto deorsum naturalmente accelerato, descrive nel suo movimiento una linea semiparabolica. «Un proyectil,

45

mientras se mueve con un movimiento compuesto de uno horizontal uniforme y de otro hacia abajo naturalmente acelerado, describe una línea semiparabólica». Sin esta descomposición Newton no habría podido dar el salto a la Luna. Newton también fue un gran descomponedor de fuerzas y movimientos. Y partiendo de la inocente geometría de Euclides llegó a ser capaz de convertir un cuadrado en un círculo aumentándole los lados *ad infinitum*, con lo cual creó la nueva ciencia *des infiniment petis*, la del cálculo infinitesimal cuyo signo estrella es la integral, que se escribe con una ese grande alargada o culebra parada: $\int$. Elegantísima. Úsenla cuando puedan, muchachos, que tiene más prestigio que el signo igual. Y antes de que se me olvide. Newton y Leibniz se agarraron por el cálculo, acusándose de que se lo estaba robando el uno al otro. Donde no los separe el Canal de la Mancha se arrancan las pelucas.

—¿Nos metemos entonces, profesor, con el cálculo?

—No lo aconsejo. Zenón y los sofistas griegos se enloquecieron con él, tratando de apresar en un instante el infinito. Esta es la hora en que Aquiles sigue persiguiendo a la tortuga y no la alcanza. Y miren cuánto ha arrastrado el río bajo el puente: dos milenios y pico en gotas de agua, midiendo a lo Galileo. Al infinito nadie le toca la cola.

La balanza o péndulo de torsión es una barra en cuyas puntas se colocan dos bolitas y que se cuelga por su centro de una fibra delgada. Si se aplican dos fuerzas a ángulos rectos en cada uno de los extremos de la barra, esta rota un poco retorciendo a su vez la fibra, hasta que después de un tiempecito las fuerzas aplicadas desde el exterior sobre la barra y la de torsión o «torca» de la fibra se equilibran. Tres cosas: una, lo que se mueve la barra es proporcional a la magnitud de las fuerzas aplicadas; dos, unas fuerzas muy débiles pueden producir una rotación grande de la barra; y tres, la sensibilidad del instrumento depende de la ductilidad de la fibra. Coulomb fue el inventor de la balanza de torsión, pero la usó para medir fuerzas magnéticas y eléctricas, que se dan entre cuerpos de polos opuestos y se pueden sentir en las manos, como sabe todo el que haya acercado un clavo a un imán. No pasa así con la llamada fuerza de gravedad, que no sentimos pero que padecemos cuando nos caemos, y que es la que pretendió medir Cavendish con su balanza, copiada en lo esencial de la de Coulomb.

En 1784 Coulomb publicó en las *Mémoires de l'Académie Royale des Sciences* de París sus «Recherches théoriques et expérimentales sur la force de torsion et sur l'élasticité des fils de metal», en las que daba cuenta de su balanza y de la fuerza de torsión de sus alambres. Entre 1785 y 1789, y en la misma revista, publicó siete memorias sobre la electricidad y el magnetismo. Las bolas de su balanza estaban cargadas con electricidad estática de igual polaridad que otras que les acercaba desde el exterior, por lo que las de cada par se repelían haciendo girar la fibra en cierto ángulo, que él medía en una escala incorporada al instrumento. Sabiendo cuánta fuerza necesitaba la fibra en un ángulo dado, Coulomb calculaba la fuerza que había entre cada par de bolas. Solo que para medir esas fuerzas tan pequeñas primero tenía que determinar la constante de torsión del alambrito, cosa que, a mi modo de ver, debió de ser tan difícil como medirle la bondad a Dios con un cabello de ángel. Con la ayuda de Dios en todo caso Coulomb logró medir por primera vez fuerzas magnéticas y eléctricas. En cuanto a Cavendish, por falta de la ayuda de Dios dado que era anglicano y no católico, no consiguió medir la fuerza de gravedad de sus cuatro bolas, pues estaban desprovistas de carga eléctrica o magnética, amén de catolicismo esencial. Hizo creer que sí la midió pero no. No midió nada, Cavendish era un farsante.

La electricidad y el magnetismo no son lo mismo que la gravedad, ni Francia es igual a Inglaterra. Francófono como fui (in illo tempore), con la edad y la distancia se me ha ido borrando, ¡qué tristeza!, la lengua de Chateaubriand. Por eso escribo con frases cortas.

Según los divulgadores más baratos de la física, Cavendish pesó la Tierra. Según los más sofisticados, midió la constante de la gravitación universal. Según él, determinó la densidad del planeta. Según yo, ni lo uno, ni lo otro, ni lo otro. Con cuatro bolas y un alambrito retorcible no llega el cristiano a ningún Pereira, la ciudad de las putas.

Nadie se atreve hoy a meterse con Cavendish. Lo han montado en los altares de la ciencia a un lado de Newton, y no: Newton era Newton y Cavendish, Cavendish. Una enfermedad los emparentaba, eso sí: la proporcionitis crónica. Los «Experiments to determine the Density of the Earth» de Cavendish, que como dice el título buscan determinar la densidad de la Tierra, se basan en la balanza de Coulomb. En los extremos de una barra delgada montaba Cavendish dos bolitas de plomo (a las que llama *balls*), y colgaba la barra de un alambrito retorcible, coloumbiano. Acto seguido a cada bolita le iba acercando una bola grande o pesa también de plomo (a la que llama *weight*): a una bolita le acercaba su correspondiente pesa por atrás de la barra horizontal y a la otra por delante. Según él, por virtud de la atracción gravitatoria de sus correspondientes pesas las dos bolitas irán haciendo girar la barra horizontal en que se encuentran, con el resultado de que el alambrito del que cuelga la barra se va retorciendo. Media a continuación el ángulo de giro de la barra, y calculando por su desplazamiento y por el coeficiente de torsión del alambrito (conociendo él el volumen de las pesas y habiendo determinado los geógrafos el de la Tierra), deducía la densidad promedio de nuestro planeta, cuyo peso

48

se podría saber entonces de inmediato multiplicando su densidad por su volumen. Por eso al experimento de Cavendish lo llaman algunos el del peso de la Tierra. Yo en cambio no la pesé así. La pesé en la balanza de Dios, que es exacta, y me dio lo que dije arriba. ¡Quintillones!

El artículo en que Cavendish el medidor daba cuenta de sus genialidades apareció en las *Philosophical Transactions* de la Royal Society de Londres de la que era miembro (volumen 88, páginas 469 a 526 y con fecha del 21 de junio de 1798). De las 57 pantanosas páginas tendré que citar (¡qué remedio!) los dos párrafos esenciales del inconmensurable enredo. Lean sin entender, pero cuando acaben de leer entiendan que era un farsante:

Each of the weights weighs 2439000 grains, and therefore is equal in weight to 10,64 spherical feet of water; and therefore its attraction on a particle placed at the centre of the ball, is to the attraction of a spherical foot of water on an equal particle placed on its surface, as $10,64 \times ,9779 \times \sqrt{6/8,85}$ to 1. The mean diameter of the earth is 41800000 feet; and therefore, if the mean density of the earth is to that of water as D to one, the attraction of the leaden weight on the ball will be to that of the earth thereon, as $10,64 \times ,9779 \times \sqrt{6/8,85}$ to 41800000 D :: 1 to 8739000 D.

It is shewn, therefore, that the force which must be applied to each ball, in order to draw the arm one division out of its natural position, is $1/818 N^2$ of the weight of the ball; and, if the mean density of the earth is to that of water as D to 1, the attraction of the weight on the ball is $1/8739000 D$ of the weight of that ball; and therefore the attraction will be able to draw the arm out of its natural position by $818 N^2/8739000 D$ or $N^2/10683 D$ divisions; and therefore, if on moving the weights from the midway to a near position the arm is found to move B divisions, or if it moves 2 B divisions on moving the weights from one near position to the other, it follows that the density of the earth, or D, is $N^2/10683$ B.

Cada una de las pesas pesa 2439000 granos y por lo tanto es igual en peso a 10,64 pies esféricos de agua, y por lo tanto su atracción sobre una partícula colocada en el centro de la bola es a la atracción de un pie esférico de agua de una partícula igual colocada en su superficie como $10,64 \times ,9779 \times \sqrt{6/8,85}$ es a 1. El diámetro promedio de la Tierra es 41800000 pies, y por lo tanto si la densidad media de la Tierra es a la del agua como D es a uno, la atracción que ejerce la pesa de plomo sobre la bola será a la de la Tierra como $10,64 \times 0,9779 \times \sqrt{6/8,85}$ a 41800000 D :: 1 a 8739000 D.

Se ve por lo tanto que la fuerza que hay que aplicarle a cada bola para mover el brazo una división desde su posición natural es $1/818 \, N^2$ del peso de la bola; y si la densidad promedio de la Tierra es a la del agua como D a 1, la atracción de la pesa sobre la bola es $1/8739000$ D del peso de esta; y por lo tanto la atracción será capaz de mover el brazo desde su posición natural en $818 \, N^2/8739000$ D o $N^2/10683$ D divisiones; y por lo tanto si al mover las pesas de la posición intermedia a una posición cercana del brazo se ve que se mueve B divisiones, o si se mueve 2 B divisiones al mover las pesas de una posición cercana a la otra, se sigue que la densidad de la Tierra o D es $N^2/10683$ B.

Sin conocer uno la totalidad del artículo, el pasaje no se entiende. Pero conociéndola uno tampoco. ¡Qué diarrea de proporciones! ¡Qué proporcionitis! ¡Qué negro con trompeta cagando notas! Hijo de Newton tenía que ser Cavendish. O sea de su espíritu pues ni uno ni otro tuvieron hijos. Eran misóginos. En cuanto a los dos puntos dobles, interprétenlos como quieran: como el signo antiguo de la proporción o como las cuatro bolas de Cavendish. Y no me gustan los «por lo tanto». Detesto los «por lo tanto» y los «por consiguiente» como el «luego» del «Pienso luego existo» de Descartes. Ni en física, ni en metafísica, ni en patafísica me los aguanto. Tal vez porque perdí la capacidad de ver la relación entre las cosas... Para mí no hay causa y efecto. ¿Y 3 manzanas? Lo que hay es una manzana, una manzana, una manzana... Y al que se meta en las 57 pantanosas páginas de los «Experimentos para determinar la densidad de la Tierra» de Cavendish una cosa sí le digo: se lo tragarán como se tragó el agujero negro a Stephen Hawking. ¡Cuál *Suma teológica* de Tomás de Aquino! ¡Cuáles *Principios matemáticos* de Newton! Estas son aguas transparentes, cristalinas.

—Profesor, díganos concretamente: ¿Usted cree de verdad en el peso de la Tierra que nos dio? ¿Y en la velocidad de la luz que midió Roemer con los satélites de Júpiter?

—La luz es una tomadura de pelo de la materia. ¿Cuándo han visto ustedes, muchachos, un rayo de luz viajando? La luz sale y llega. En el camino no es nada.

—¿Y tampoco cree en la constante de la gravitación universal?

—Más bien poco.

—Con razón el profesor Vélez anda en campaña para que lo echen a usted de la Universidad. Le tiene envidia. Que está bien que usted no crea en Dios. ¿Pero que niegue las constantes de la física? Que lo que está negando entonces es el Universo.

—Chismes no oigo, estoy blindado, y sí creo en Dios. Dios sí existe, pero es malo. Hay una diferencia bestial entre un Dios malo que existe y un Dios bueno que no. Díganle a Vélez que no me calumnie.

—Y que supriman del pénsum, dice, la imposturología suya, su cátedra, que por eso la Universidad está tan jodida y no sube en el ranking.

La ley de la gravitación universal es una estafa. La constante de la gravitación universal otra estafa. Y el experimento para medir la densidad de la Tierra otra estafa. Ni Newton formuló esa ley, ni la tal constante existe, ni Cavendish con su vicioso experimento midió nada. Tres estafas relacionadas que cuando se acepten como tales se habrá justificado plenamente este libro que les dedico a Vélez y a mis alumnos de imposturología de la U de A, con amor.

Primera estafa, la Ley de la Gravitación Universal de Newton, que paso a garrapatear en el pizarrón:

$$F = \frac{G\,m^1 \cdot m^2}{d^2}$$

La fuerza de gravedad F es igual a la constante de la gravitación universal G multiplicada por la masa del cuerpo 1 y la masa del cuerpo 2 y dividido el producto por la distancia al cuadrado.

Esto no es una ecuación sino una definición. El engañoso signo igual aquí no está multiplicando ni dividiendo nada sino definiendo arbitrariamente algo según le dio su real gana a alguien. ¿A quién? No se sabe. ¿Cuándo? En un artículo de Cornu y Baille de 1873, «Détermination nouvelle de la constante de l'attraction et de la densité moyenne de la Terre», publicado por la Academia de Ciencias de París (*Comptes Rendus*, 76, páginas 954 a 958), ya está la fórmula tal como la conocemos hoy, con la constante G y multiplicando las dos masas, de lo que ni idea tuvieron Newton ni

Cavendish. Si tuviera que haber una constante (para medir la gravedad en términos de un sistema de medidas, digamos el Sistema Internacional de Unidades) esa tendría que ser únicamente la atracción debida a la unidad de masa puesta a la unidad de distancia. Solo que la gravedad, así la hubiera llamado Newton «fuerza», no es una fuerza. Una fuerza, por ejemplo, es la que uno hace empujando una caja fuerte con las manos. Para que haya fuerza tiene que haber contacto material, y la gravedad no es material: es inmaterial, como el alma mía. En el Sistema Internacional de Unidades la unidad de masa es el kilogramo, la unidad de distancia el metro y la unidad de fuerza el newton, adoptado este en la Conferencia General de Pesos y Medidas de 1946, cuando ya habían pasado dos siglos largos de que los gusanos se hubieran acabado de banquetear a Isaac Newton con todo y peluca. La gravedad es inmaterial. Si nos inventamos una verdadera unidad para medirla, el vélez por ejemplo, diríamos: «Un vélez es la fuerza que tiene que hacer un kilogramo de masa para jalar algo situado a un metro de distancia». ¿Y qué sería este «algo»? Lo que sea: una piedrita, un piano de cola, la Luna, un gordo, un flaco, puesto que la gravedad no distingue entre piedritas, pianos, Lunas, gordos, flacos, y a todos nos jala igual, a 9.8 metros por segundo al cuadrado sobre la superficie de nuestro planeta.

—¿Incluye el vélez la velocidad al cuadrado?

—No, porque el vélez es una medida inteligente, y el newton una medida estúpida. La velocidad gravitatoria depende de la masa que jala, no de la masa jalada. Un kilogramo no jala igual de rápido que diez. Y ni se diga la Tierra, cuya masa ya la dije, ya la saben, no me hagan repetirla que yo nunca me repito.

Segundo: ¿cuándo salió a bailar G? Respuesta: cuando la sacó a bailar F.

Por 1840 Nicolas Deguin, en su *Cours élémentaire de Physique*, formuló la Ley de la Gravedad de Newton como Dios manda, como debía ser, y no como la embrollaron todos en adelante. Y en la fórmula correcta Deguin introdujo la constante f (por «fuerza de atracción»), quedando el asunto en $F = M \times f / d^2$: la fuerza de la gravedad es igual a la masa del cuerpo que la produce multiplicada por la constante f y dividida por la distancia al cuadrado. ¿La masa de quién? Del cuerpo que la produce, no del que la sufre: de la Tierra, del Sol, de Júpiter... Y de un piano de cola y una manzana, si estas tuvieran gravedad. Yo digo que no la tienen, que no llegan a tanto, que son pequeñeces del cosmos. ¿O me van a decir que un átomo tiene campo gravitatorio, graviesfera, gravedad? ¿Y la masa M a quién atrae? Al que se le acerque: al piano de cola, a la manzana, a un cojo en silla de ruedas. ¿Y la constante f de Deguin qué es? La unidad de masa multiplicada por la unidad de distancia.

Los dos errores de la fórmula $F = G \, m^1 \cdot m^2 / d^2$ que a finales del siglo XIX empezaron a atribuirle a Newton fueron haberle puesto una G estúpida y una segunda masa, la m^2, pues da lo mismo que esta segunda masa, la atraída, sea la de un gordo, un flaco, un piano de cola, una manzana. A todos la primera, m^1, nos jala igual. Newton no se enredó en el álgebra garrapateando ecuaciones: se enredó en la geometría y en el conceptualismo escolástico. Su ley de la gravedad (la suya con una sola masa, no la que le atribuyen con dos) la dijo incontables veces en sus *Principios*, pero en dos partes separadas que nunca juntó, y siempre con palabras, no con una ecuación.

Primera de estas dos partes: en la Proposición 7 del Libro Tercero dice que la gravedad de los planetas es proporcional a la materia que contienen (gravitatem in omnes proportionalem esse materiæ in iisdem). Segunda parte: en el

Primer Corolario de la proposición siguiente, hablando del peso de los cuerpos en los distintos planetas (pondera corporum in diversos planetas) dice que varía en proporción inversa al cuadrado de las distancias (in duplicata ratione distantiarum inversa) a que se encuentren de ellos. (En latín *pondus*, cuyo plural es *pondera*, y *gravitas* significan lo mismo: peso; y *gravitas* y *vis gravitatis* para Newton significan indistintamente la gravedad.) Y una y otra vez lo repite a lo largo de todos los *Principios*: «reciproce proportionalis quadrato distantiæ diminuetur & gravitas in eadem ratione», «in duplicata ratione distantiarum a centro ejus», «in ratione duplicata distantiæ»...

Si Newton no hubiera sido tan pantanoso y confuso y verboso, habría juntado las dos partes en la única ley de la gravedad que hay en su libro diciendo: «La fuerza de gravedad es proporcional a la masa del cuerpo que la produce y disminuye según la distancia al cuadrado a que se encuentre el cuerpo que la padece».

Y si entonces se hubieran usado las fórmulas, la habría expresado con el signo de proporción, que es el que le corresponde:

$$F \propto \frac{m}{d^2}$$

O sea: la gravedad que produce un cuerpo está en proporción directa a su masa y en proporción inversa al cuadrado de la distancia que la separe del cuerpo que se le arrime. Y Dios existe, y punto, no hay más que decir.

—Profesor, váyase buscando otro trabajo porque no le veo porvenir en la U de A.

—No necesito trabajo. Yo soy un explotador de mujeres.

Pues Nicolas Deguin, al hacer de la proporción una igualdad, se vio obligado a introducir su constante *f*, expresada en la unidad de masa dividida por la unidad de distancia elevada al cuadrado. Y es que si a uno le da por medir tiene que recurrir a medidas, del Sistema Internacional de Unidades o del que sea. En kilogramos y en metros tratándose de este sistema, que es el que usamos hoy. ¿Pero es que hay forma de medir con qué fuerza atrae un cuerpo de 1 kilogramo a otro a la distancia de 1 metro? ¿Y un cuerpo de 1 kilogramo tiene gravedad? ¿O uno de mil? ¿O de dos mil o de diez mil? Estos cuerpos de unos cuantos miles de kilogramos pueden sufrir la gravedad (como todos, por lo demás), pero no la producen, como sí la producen el Sol, la Tierra y la Luna. Si Deguin hubiera propuesto la masa de la Tierra como unidad gravitacional o constante f del cosmos yo lo aceptaría, y entonces podría medir yo en gravitierras la masa del agujero negro que se tragó a Hawking. Pero no lo hizo.

—¿Una gravitierra es la unidad de las graviesferas?

—Shhhhhh... Que no los oigan. Lo que aquí digo de aquí no sale o me van a dar por loco. Donde empiece a soltar la lengua Vélez...

Con la maldita balanza de torsión empezó la medidera: Airy, Baille, Baily, Boys, Vernon, Poynting, Braun, Hey, Cornu, Eötvös, Loyd, Hutton, James, König, Reich, Wilsing, Zeeman... Y cientos de medidores más con el torrente de artículos sobre sus experimentos con balanzas de torsión, palancas ópticas, fibras de cuarzo, rotadores de ultraprecisión, detectores sincrónicos, péndulos verticales, horizontales, de resonancia... Y tomando en consideración los experimentadores, los muy quisquillosos, la permeabilidad, la absorción, la magnetización, la electrificación, la radioactividad, la temperatura, la energía electromagnética, el estado químico de las masas, su separación, su dependencia del tiempo... Y más y más y más y más, hasta llegar a esta cifra mágica: 6.67408×10^{-11} m³ kg⁻¹ s⁻². No. No es esa. Donde dice «6.67408» me cambian el 8 por un 9. Es nueve.

—¿Y por qué, profesor?

—Porque lo digo yo.

¿Por qué no les habrá dado más bien a estos medidores por agregarle decimales a la constante π, que sí es una verdadera constante, la relación que existe entre la longitud de una circunferencia y su diámetro? Con los decimales que le corresponden a π hay para llenar, no digo el Sistema Solar, la Vía Láctea y este universo, sino todos los universos juntos de la inmensidad de Dios. Y Aquiles el de los pies ligeros seguirá tratando de alcanzar a la tortuga. No pierdan sus vidas, muchachos, midiendo: piensen. Y si algo encuentran, descansen.

—¿Y por qué todos los textos de física dan la Ley de Newton con dos masas y la constante G? ¿Y todos los profesores de física? ¿Y todas las revistas de física? ¿Y todos los divulgadores de física? ¿Y todos los físicos? ¿Y todos los premios Nobel de física?

—Porque todos los autores de textos de física, todos los profesores de física, todos los directores de las revistas de física, todos los divulgadores de la física, todos los físicos y todos los premios Nobel de física son unos charlatanes y unos farsantes que no han leído los *Principios matemáticos de filosofía natural* de Newton, como los curas ya no leen la Biblia por entregarse a sus pederastias. Yo digo que está bien que quieran a los niños porque también los quiso Cristo, y porque a los niños, bien sea de niños o de viejos, tarde que temprano se los habrán de comer los gusanos. Pero que no distingan al Padre del Hijo ni al Hijo del Espíritu Santo...

Reflexiones sobre los amoríos de Gea y Selene, alias la Tierra y la Luna. La Tierra atrae a la Luna y la pone a girar en su órbita. La Luna atrae a la Tierra y produce las mareas lunares. Pero no al revés. Y no porque la Luna no tenga mares, sino por una razón más profunda: porque esta relación amorosa se dio así y el amor no acepta razones. La Luna gira en torno a la Tierra y no la Tierra en torno a la Luna. La Tierra es una lesbiana de mayor peso. Y punto.

—¿Y si la Luna tuviera mares?

—Se los chuparía con su bocaza la Tierra.

—¿Por sobre el vacío del cosmos?

—Por sobre lo que sea. El lesbianismo es muy intenso. Y sigo.

¿Por qué, pregunto yo, multiplicar las dos masas en la fórmula que le atribuyen a Newton como si hubiera una sola gravedad conjunta, la F, y no dos, la de la m^1 y la de la m^2? La Tierra y la Luna no actúan como dos flechas que se juntan ($\rightarrow$ $\leftarrow$) sino como dos flechas que señalan la una hacia la izquierda y la otra hacia la derecha ($\leftarrow$ $\rightarrow$). En la relación entre la Tierra y la Luna no hay una sola gravedad sino dos. Las masas de la Tierra y de la Luna no se pueden multiplicar, pero tampoco dividir, ni sumar, ni restar. ¡Y al diablo con el concepto de fuerza! Tenemos que concebir la relación entre la Tierra y la Luna como dos campos gravitatorios que se superponen y producen lo que vengo diciendo, una órbita en la Luna y unas mareas en la Tierra. Pero si quisiéramos seguir usando el torpe concepto de fuerza, la fórmula que le atribuyen a Newton la tenemos que dividir en dos fórmulas: una para la Tierra y su masa m^1, y otra para la Luna y su masa m^2.

—¿La fuerza de gravedad que produce un kilogramo se puede medir?

—No, por partida doble. Primero, porque no tiene. Y segundo, porque si tuviera, ¿en qué la vamos a medir? ¿En newtons?

En el Sistema Internacional de Unidades un newton es «la fuerza que se necesita para imprimirle una aceleración

58

de 1 m/s² a un objeto cuya masa sea de 1 kg». Por lo tanto sirve (si es que sirve) para medir la fuerza que uno hace cuando empuja un ropero, pero no la de la gravedad de la Tierra pues a esta no le importa que la masa del objeto que jala sea de un solo kilogramo o de un millón: a la misma velocidad hace caer una manzana que un piano de cola. Si el módulo Philae de la sonda espacial Rosetta rebotaba hace poco sobre el cometa Churyumov-Gerasimenko sin poderse posar sobre su superficie porque la gravedad de este no alcanzaba a retenerlo pese a resultar de una masa de 10 billones de kilogramos (un 1 seguido de 13 ceros), ¿van a pretender los físicos medidores que las bolas de Cavendish jalen otra bolita?

—¿Entonces usted no solo está contra Dios sino también contra el Sistema Internacional de Unidades y la experimentación y la medición?

—Y contra la enseñanza de la física.

—¿Y entonces de qué piensa vivir?

—De lo que me produzcan las mujeres.

Continuación de la Terza Giornata de las *Dos nuevas ciencias* de Galileo. Tras haber dado cuenta del movimiento uniformemente acelerado de los cuerpos que caen, el pendenciero autor pasa a ocuparse del movimiento de los proyectiles, los cuales trazan una parábola que se puede descomponer en inercia rectilínea hacia adelante y caída en picada hacia abajo. Y termina su obra con sus tablas balísticas, en las que calcula el alcance de los proyectiles según el ángulo del disparo. Aquí tenemos dos cosas: una, que Galileo es el padre de Newton. Y dos, que Galileo es el padre de la balística. ¡Qué habría sido de von Braun sin Galileo! ¡Y qué habría sido de los Estados Unidos sin von Braun! ¡Y qué habría sido de la humanidad sin los Estados Unidos! ¡Y qué habría sido de este libro sin el de la voz! ¡Y qué habría sido del de la voz sin sus mujeres!

—¿Por qué es usted tan desordenado, profesor? Concéntrese en un tema y apenas lo agote sigue con otro. Acabe con Galileo y sigue con Newton. Acabe con Newton y sigue con Cavendish... Y así.

—Porque soy simultáneo como el Gran Agujero Negro que se los traga a todos. Y como la luz del Génesis. No bien salgo llego. Los 300 mil kilómetros por segundo de velocidad que me atribuyen son una de mis tomaduras de pelo.

Cuelguen del techo un hilito de seda de una de sus puntas y amárrenle en la otra una arenita. Y dejen que penda la arenita al lado de una bola de hierro de una tonelada de peso colocada en el suelo. Que la arenita quede a un centímetro de la bola, sin tocarla. Cierren bien las puertas y las ventanas del cuarto y séllenlas con brea, no se les vaya a colar el viento y les mueva la arenita. Y arrellanados en un sillón de plumas bien cómodo se sientan a esperar hasta que la gravedad de la pesada bola de hierro jale la arenita y la haga recorrer el centímetro que las separa y se den un beso. Días, meses, años esperarán, contados en reloj de cesio o en reloj de arena. La arenita no se moverá un ápice, pero la que sí llegará, contoneándose, con sus carajadas horrísonas es la Muerte, que vendrá a ponerles punto final a ustedes y al experimento. No se necesitan cuatro bolas, ni barra, ni alambres de torsión, ni telescopio, ni escala de Vernier, ni qué carajos de torca, el aparataje estúpido que montó Cavendish en su mansión, para ver que en la realidad en que vivimos todo tiene un límite. Uno para tener o no tener, otro para ser o no ser. Una tonelada no tiene campo gravitatorio. Si el cometa Churyumov-Gerasimenko, de una masa de 10 mil millones de toneladas apenas si tiene gravedad, ¡la va a tener una pobre bola de una tonelada! Más inteligencia tiene Vélez, pesada en microbalanza de torsión contra un átomo de hidrógeno.

—¿Y la gravedad de la Tierra, profesor, no embrolla el experimento? ¿No se le hace una especie de ruido de fondo?

—Fíjese que no porque la gravedad que ejerce la Tierra sobre la arenita jalándola hacia abajo está contrarrestada por el hilito de seda; y la que ejerce la misma Tierra jalando hacia abajo la bola de hierro está contrarrestada por el soporte del suelo. En mis experimentos, perfectos, jamás hay ruido de fondo.

Otro experimento perfecto pero que dada la incipiente tecnología humana actual hoy solo lo puede hacer Dios. Si desde una altura de 380 mil kilómetros Dios suelta simultáneamente a la Luna y a una manzana (en opuestos rumbos del cielo, claro, para que la Luna no atraiga a la manzana), ¿cuál creen que cae primero en la Tierra, muchachos?

—Caen igual, como nos hizo ver Galileo. Simultáneamente.

—Fíjense que no, mal que le pese a Galileo. Cae primero la manzana, y tiempísimo después la Luna.

—¿Por qué?

—Porque la Luna con su gravedad le opone resistencia al jalón de la Tierra, mientras que la manzana, al no tener gravedad (como el gordo y el flaco y el piano de cola), se deja arrastrar.

Así como la Tierra jala a la Luna, la Luna jala a la Tierra. Pero no como las dos flechas que apuntan una a la otra, sino en sentido contrario. Las dos lesbianitas de Gea y Selene actúan como dos flechas que señalan con sus puntas la una hacia la derecha y la otra hacia la izquierda. Cosa que Vélez no entiende ni quiere entender. Nació para lacayo de la divulgación científica, pero toda su cultura se la debe a la Colección Infantil de Ciencia de la Editorial Salvat española. Unos libritos feúchos en un papel amarillento, inmundo. Lo examina uno con un cuentahilos de alfombra y ve un basurero de fibras de bagazo de caña. Lo que allí lee el pobre Vélez lo repite como lorito y ya tiene totalmente obstruidos los albañales de su cabeza.

—¿Y por qué?

—¿Por qué qué?

—¿Por qué se jalan así Gea y Selene, dándose la espalda?

—Porque así se lo dicta a ambas su común naturaleza.

Hoy no funciona el interfón, ayer dejó de funcionar el ascensor, mañana no funcionará el refrigerador. Un día se me funde un foco, otro día se me vence una puerta, otro día se me raja un vidrio, otro día me resulta una gotera, otro día se me tapona la regadera, otro día me explota el calentador. Se desató en mi casa la rebelión de las cosas. A todo le llega su día, todo por servir se acaba. Supongo que yo también. Arreglo daños, pago cuentas, acumulo deudas y dolencias, enemigos y muertos. Que se murió fulano, que se murió mengano, que se murió zutano, que se murió perengano, que anoche mataron a perencejo. Los voy anotando en mi «Libreta de los muertos» y no me doy abasto, como decía mi abuela. Voy en 2,000. Por el camellón de mi calle, órbita de satélite, elipse cerrada, antigua pista de un hipódromo que donde comienza termina y que convirtieron en paseo peatonal, muy arbolado sí pero atestado, me paseo a diario con mis cinco perras maldiciendo a los transeúntes que me rebasan por la izquierda o se me atraviesan. Y de paso a Dios y su obra chambona y al Hijo bobo del Padre Eterno que se dejó crucificar de los judíos en vez de darles garrote. Y reflexiono sobre la gravedad y la luz. Nada. Vacío. A oscuras. A nada llego. El sol se pone en las bardas. Obsecuentes, humildes, como estelas de nuestras oscuridades interiores, detrás de nosotros nos vienen siguiendo nuestras sombras. Un paso, otro paso, otro paso, con señorío, con garbo. Al cruzar una calle, por poco un camión de carga nos atropella a los seis:

a mis cinco niñas y a su señor esclavo. Nos destempló los oídos el frenón del camionero. No me insultó. No lo insulté. Por dentro nos dijimos hijueputas.

Perdí el sueño, Vélez, pensando en la gravedad y me paso la noche en vela contando ovejas: una oveja, una oveja, una oveja... Nunca sabré cuántas llevo porque odio los números y a los que engañan con ellos. Y si en la realidad no hay mil manzanas, como te dije arriba, así tampoco hay mil ovejas. Hay una oveja, una oveja, una oveja... No malgastes tu vida, Vélez, defendiendo al charlatán de Darwin que ni supo que provenía de un óvulo fecundado por un espermatozoide, ni al marihuano Einstein que confundía el reloj con el tiempo. Dedícate a lo tuyo, a contar: galaxias en tu telescopio y bacterias en tu microscopio. Ponles rejillas cuentaunidades a ambos, de las que usan los astrónomos y los microbiólogos para llevar sus cuentas. Una galaxia, una galaxia, una galaxia... Una bacteria, una bacteria, una bacteria... Jamás pensé que hubiera tantas galaxias en el firmamento, ni tantas bacterias en el excremento. Hierven. Multiplicas entonces lo que te dé un cuadrado de tus rejillas por el número de cuadrados que tengan estas, y así obtienes el gran total: 1. Aprende de mí, que nunca paso de 1. Desconfía de los números, que mienten.

Convencidos de que le pueden seguir la pista a una gota de agua en las cataratas del Niágara, a falta de comprender los físicos miden, predicen y experimentan. ¡Pobre gente! Somos nada, Vélez, pavesas. De la vista no somos linces, del radar no somos murciélagos, del olfato no somos perros... No logramos comprender la gravedad, ni la luz, ni cómo las neuronas de la corteza del cerebro producen este zumbido de moscas que llamamos la conciencia, el alma, el yo. Me precio en cambio de mis atisbos paranormales. Voy por la cafetería de la U de A pensando en Vélez, a quien hace días no veo, vuelvo la vista atrás y detrás de mí lo tengo. ¡Pero qué más paranormal, por Dios, que los rayos equis que nos fotografían el esqueleto! Y el vidrio, que deja pasar la luz. Y el espejo, que nos refleja. Dios hizo el Universo muy complejo y al hombre muy limitado de entendimiento. Muy depredadorcito eso sí. Y muy alzado. Se cree el rey de la creación, pero lleva dos millones de años en continua lucha y aún no inventa un inodoro que sirva, que no haga ruido, que no gaste agua, que no huela. ¡Qué gusto, Vélez, que te encuentro! Les hablo siempre muy bien de ti a mis *undergraduates*. Te hemos montado en un pedestal y eres para nosotros un Vargas Llosa, una estatua. ¿Cómo va tu hijo? ¿Computando mucho? Los límites de la comprensión no son los de la realidad. El que podamos decirlo, claro, ya es ganancia. Algo es algo, poco es mucho, mucho es nada. El hombre sueña, el mundo rueda.

¿Y si la manzana de Newton no hubiera caído? Alguien la habría tumbado y se la habría comido. Y me voy, Vélez, porque me están esperando mis *undergraduates*. Hoy les voy a explicar el misterio de la relatividad dándoles un ameno tour por el Mediterráneo en el barco de Galileo. Ciao, ciao.

Le decía hace un instante a Vélez que la relatividad es un misterio. Pobre Vélez, me cae bien. Todólogo como es de alma, ahora nos resultó gramático y filólogo. Que para encauzar el español, dice, hay que promover la reforma ortográfica y suprimir la hache. No, Vélez. Hoy suprimimos la hache y mañana la existencia de Dios y así es como se van desintegrando las sociedades. Para construir un buen edificio se necesita un buen pantano. Me recitó un soneto de Quevedo a la muerte. Que conoce el Siglo de Oro como las plantas de sus pies, dice. ¡Ay, tan posesivo este Vélez! Habla con posesivo como las sirvientas. El otro día dijo «mis pieses».

Riserratevi con qualche amico nella maggiore stanza che sia sotto coverta di alcun gran navilio, e quivi fate d'aver mosche, farfalle e simili animaletti volanti; siavi anco un gran vaso d'acqua, e dentrovi de' pescetti; sospendasi anco in alto qualche secchiello, che a goccia a goccia vadia versando dell'acqua in un altro vaso di angusta bocca, che sia posto a basso: e stando ferma la nave, osservate diligentemente come quelli animaletti volanti con pari velocità vanno verso tutte le parti della stanza; i pesci si vedranno andar notando indifferentemente per tutti i versi; le stille cadenti entreranno tutte nel vaso sottoposto; e voi, gettando all'amico alcuna cosa, non più gagliardamente la dovrete gettare verso quella parte che verso questa, quando le lontananze sieno eguali; e saltando voi, come si dice, a piè giunti, eguali spazii passerete verso tutte le parti. Osservate che avrete diligentemente tutte queste cose, benché niun dubbio ci sia che mentre il vassello sta fermo non debbano succeder cosí, fate muover la nave con quanta si voglia velocità; ché (pur che il moto sia uniforme e non fluttuante in qua e in là) voi non riconoscerete una minima mutazione in tutti li nominati effetti, né da alcuno di quelli potrete comprender se la nave cammina o pure sta ferma: voi saltando passerete nel tavolato i medesimi spazii che prima né, perché la nave si muova velocissimamente, farete maggior salti verso la poppa che verso la prua, benché, nel tempo che voi state in aria, il tavolato sottopostovi scorra verso la parte contraria al vostro salto; e gettando alcuna cosa al compagno, non con più forza bisognerà tirarla, per arrivarlo, se egli sarà verso la prua e voi verso poppa, che se voi fuste situati per l'opposito; le gocciole cadranno come prima nel vaso inferiore, senza caderne pur una verso poppa, benché, mentre la gocciola è per aria, la nave scorra molti palmi; i pesci nella lor acqua non con più fatica noteranno verso la precedente che verso la sussequente parte del vaso, ma con pari agevolezza verranno al cibo posto su qualsivoglia luogo dell'orlo del vaso; e finalmente le farfalle e le mosche continueranno i lor voli indifferentemente verso tutte le parti, né mai accaderà che si riduchino verso la parete che riguarda la poppa, quasi che fussero stracche in tener dietro al veloce corso della nave, dalla quale per lungo tempo, trattenendosi per aria, saranno state separate; e se abbruciando alcuna lagrima d'incenso si farà un poco di fumo, vedrassi ascender in alto ed a guisa di nugoletta trattenervisi, e indifferentemente muoversi non più verso questa che quella parte. E di tutta questa corrispondenza d'effetti ne è cagione l'esser il moto della nave comune a tutte le cose contenute in essa ed all'aria ancora, che per ciò dissi io che si stesse sotto coverta; ché quando si stesse di sopra e nell'aria aperta e non seguace del corso della nave, differenze più e men notabili si vedrebbero in alcuni de gli effetti nominati: e non è dubbio che il fumo resterebbe in dietro, quanto l'aria stessa; le mosche parimente e le farfalle, impedite dall'aria, non potrebber seguir il moto della nave, quando da essa per spazio assai notabile si separassero.

Enciérrese bajo cubierta en la habitación más grande de un gran navío, con un amigo y unas moscas, mariposas y otros animalitos voladores, más un jarrón con agua y pececitos adentro. Cuelgue del techo un cubo lleno de agua para que vaya cayendo gota a gota sobre un recipiente de pequeña embocadura puesto en el suelo. Y estando quieta la nave observe con atención cómo vuelan los animalitos de aquí para allá por el cuarto mientras los peces nadan de un lado a otro y las gotas que caen entran todas en el recipiente del suelo. Y si le tira a su amigo algo, da lo mismo en qué dirección y a qué distancia. Y si usted salta con los pies juntos, igual espacio saltará sin importar en qué dirección ni con qué impulso. Observe cuidadosamente lo anterior para que después no le quepa ninguna duda de cómo ocurrió todo mientras el barco estaba quieto. En seguida haga moverse el barco a la velocidad que guste (con tal, eso sí, de que el movimiento sea uniforme y que el barco no zigzaguee), y no notará ni la mínima diferencia en las acciones mencionadas, ni nadie podrá saber si el barco avanza o está quieto: usted saltará sobre el piso de tabla los mismos espacios que antes, bien sea hacia la popa que hacia la proa. Y así el barco se moviera rapidísimamente, mientras usted está en el aire el entablado del piso no irá en el sentido contrario al de su salto. Y si le tira algo a su amigo, no necesitará hacerlo con más fuerza para que le llegue, ni porque lo haga hacia la proa o hacia la popa, ni porque esté usted en la una o en la otra. Las gotas de agua caerán en el recipiente del suelo como antes, sin que ni una sola caiga hacia la popa, pese a que el barco recorre algún trecho mientras está en el aire. Y a los peces no les costará más trabajo nadar en su jarrón hacia un lado que hacia el otro. Y en fin, las mariposas y las moscas seguirán como si nada volando de aquí para allá, sin chocarse con las paredes, y usted podrá saltar como antes, en la dirección que quiera y con el impulso que quiera, sin que el entablado avance en sentido contrario a sus saltos. Y si quema incienso, verá subir la nubecilla y moverse indiferentemente a un lado u otro. Y es que el movimiento del barco es común a cuanto contiene, incluyendo el aire, y también el aire libre de la cubierta. El barco no lo dejará atrás a usted mientras salta, ni a las moscas, ni a las mariposas, ni al humo.

¡Qué hermoso! Es el pasaje del gran navío del *Dialogo sopra i due massimi sistemi del mondo* de Galileo, el libro que escribió en apoyo de la tesis heliocéntrica de Copérnico, la de que la Tierra era la que giraba en torno al Sol y no al revés, y por el que casi le aplica la Inquisición el correctivo que le aplicó a Giordano Bruno quemándolo vivo en la plaza Campo dei Fiori por decir lo mismo y que El de Arriba no eran Tres sino Uno. Sabiendo lo de Giordano y viendo lo que se le venía encima, Galileo abjuró. Pero como era más terco que mi abuelo, en su abjuración agregó, en voz baja pero no tanto como para que no lo oyeran: *Eppur si muove*: «Y sin embargo se mueve». Yo habría dicho: *Non si muove ma trema*: «No se mueve pero tiembla». Ya rajó a *Santa Maria Maggiore* un temblor de tierra y el día menos pensado les tumba un terremoto el Vaticano. No le creo mayor cosa a Galileo, pero lo quiero. ¡Qué viejito hermoso!

Dijo Italo Calvino que Galileo era el más grande escritor del italiano. Tampoco era para tanto. Pero sus diminutivos me conmueven: *animaletti, pescetti, gocciole, nugoletta*. Como de rancherita mexicana. Qué le voy a hacer si soy sensible al idioma, a ese italiano que un día fue y que ya no es. Se me chorrean unas lagrimitas. Máxime que Galileo escribió *alcuna lagrima d'incenso*, con *lagrima*, como en español. También hubiera podido haber escrito *lacrima*, pero no, estaba pensando en mí. Me vio desde allá hasta aquí. ¡Qué sería de mí sin los diminutivos! Como le dije al yerno de Vélez en el cruce de la avenida La Playa con Junín en plena procesión de la Dolorosa el Viernes Santo: «Huerfanito hijueputa». Tiene este huerfanito una perra de trompa puntiaguda muy lujuriosa que le huele el trasero. La compró en España. El pervertido animal, como digo, lo huele, se aparta un poquito y espera paciente otro descuido del amo. Y no bien el yerno de Vélez le da de nuevo la espalda y le enseña los cuartos traseros porque empieza a alejarse, ¡pum!, la perra lanza en ristre se lanza contra él y le enchufa en el hueco el hocico. «¡Ay!», grita el hijueputica.

Y ya que hablo de hijueputicas, el hijueputica Einstein sacó del gran navío de Galileo su hijueputica relatividad y sus hijueputicos marcos de referencia. No señor. El gran navío de Galileo es un misterio, como todo lo del Universo. Y el péndulo de Foucault no prueba que la Tierra gire. Simplemente con su péndulo de 67 metros de largo Foucault oscureció aún más el misterio del péndulo. Un péndulo corto va y viene. Un péndulo largo además de ir y venir gira. Colgado el péndulo largo de Foucault de la cúpula del Panteón de París, la punta de su plomada iba trazando en el piso un círculo. En la catedral de México hay uno igual. Yo lo vi. Lo vi y le dije: «Mentiroso, la Tierra no gira. Pero tampoco está quieta. Ni gira ni no gira, ni rota ni no rota. Es un espejismo, una ilusión». Se quedó callado. Péndulo que oscila no habla, piensa. Está concentrado en su quehacer. Siguió trazando en el piso su círculo inquietante.

—¿Y saben quién nos veía desde arriba en la catedral de México?

—¿Quién, profesor?

—Dios. Quien como un péndulo diligente tampoco habla.

¿Por qué creen que Galileo pudo plantearnos el gran misterio de su gran navío y no Ulises? Porque en tiempos de Ulises no había navíos grandes, solo barquitas indecisas, bamboleadas por las olas del mar. En el muelle o navegando eran juguetes de las olas. Jugaban con ellas partidos de ping pong. ¿Cómo podía constatar Ulises, por Dios, huyendo de Circe y de Polifemo, remando con sus remeros y sudando la gota amarga en semejantes embarcaciones, cómo podía constatar, digo, el que para los fenómenos cotidianos de la naturaleza da lo mismo un barco andando que quieto? No. Se necesitaba un barco de gran calado para que naciera la relatividad galileana. Y un tren para que naciera la relatividad einsteniana. La una llega en barco, la otra llega en tren. Galileo constató y punto, como un hombre decente. El otro no. La piltrafa de Einstein ¡le sacó un provecho! Estafó a medio mundo.

Las olas que mecen a una barquita indefensa derraman el agua de las jarras, tiran por la borda a las moscas y a las mariposas, marean a los marineros y a los peces de las peceras. El barco tiene que ser grande para que navegue quieto, sin bamboleo, y que avance, eso sí, condición sine qua non del misterio, sin acelerar, ni desacelerar, ni girar: en línea recta. Si es que existe la línea recta... ¡No hay líneas rectas en la tierra, va a haber líneas rectas en el mar!

La humanidad tuvo que esperar desde que bajó del árbol hasta el Renacimiento para tener navíos grandes, de gran calado, que avanzaran majestuosos por el Mediterráneo y le permitieran conocer entonces un misterio nuevo para sumárselo a los viejos, el de la relatividad. ¡Ay, la relatividad! ¡Tan elegantes los einstenianos! ¡Sinvergüenzas, hijos del embrollo y la mentira! Se les hace agua la boca con la palabrita. Yo vi avanzar el puerto de Palermo en movimiento cuando llegaba a Sicilia, por la noche, in illo tempore, en busca de un amor, desde mi barco que creía quieto, y me dije: «*Eppur si muove*».

Einstein el estafador cambió pues el barco de Galileo por un tren, y ubicado en el andén de una estación ferroviaria imaginó en su cabecita mentirosa y hueca que la luz que salía de su linterna en línea recta llegaba torcida a un tren que pasó. Como Dios, que es ubicuo, este payaso estaba a la vez quieto en el andén y en movimiento en el tren. ¿Y cómo determinó este bufón que la luz de su linterna (y de día porque en 1905 los trenes no viajaban de noche) salía derecho pero llegaba torcida al tren? Con una regla. Con la regla fue midiendo en el aire mientras perseguía al rayo de luz y al tren.

Y en tanto constataba el torcimiento de la luz desde el tren en que se montó, le medía la velocidad desde el andén en que se quedó. Le dio un centímetro más que los 300 mil kilómetros por segundo que habían determinado años atrás Fizeau y Foucault. Y se escribió un artículo en los *Annalen der Physik*. Y citó a Poincaré. Y cagó una ecuación.

Por la autopista a Querétaro voy apostando carreras en mis años mozos con un ganapán. Marcando mi velocímetro 180 kilómetros por hora lo alcanzo y nos emparejamos, y de carro a carro, yo por mi carril, él por el suyo, nos ponemos a platicar como si estuviéramos holgazanamente arrellanados en dos sillones de mi sala siendo así que íbamos montados, a toda verraca, en dos flechas. ¿Que cómo estás? Que cómo estoy yo. ¿Que qué fue en últimas de la güerita que te manducaste? Que ahí sigue, muy arrecha. ¿Y del hermanito que te iba a partir la madre? Se lo escabecharon. ¿Escabecharon en plural? Que sí, en plural. ¿No serías más bien tú en singular, cabroncito? Que no, que él es absolutamente inocente. Y así. Él va en su marco de referencia, yo voy en el mío, y los dos vamos en el gran marco de referencia de la Tierra, la que a su vez, junto con Marte, Júpiter y demás hermanos, va en el marco de referencia de papá Sol, quien a su vez va en el marco de referencia de la Vía Láctea, quien a su vez va en el marco de referencia del Universo Mundo. ¿Dónde está la gran confusión de los einstenianos en este montón de «marcos de referencia» o de *reference frames* como los llaman estos exquisitos en inglés, y que se incluyen unos a otros como matrioskas rusas, como cajitas chinas? Les pregunto a ustedes, muchachos. Piensen, contesten, razonen. Hagan una sola vez en sus vidas por lo menos un esfuercito mental.

—Nnnnnnn profesor, no le atinamos.

—Está en que en la larga lista que les he hecho hay dos marcos de referencia que no se incluyen: el mío y el del ganapán, que son paralelos y no inclusivos: se hablan de tú a tú, de igual a igual. Ni el uno es el padre ni el otro el hijo. ¿Y alguno de los einstenianos lo ha dicho acaso? Nada entienden, nada saben, nada miden. Son como el santo al que le prenden velas, de una deshonestidad esencial.

—¿Y qué es entonces, profesor, según usted, la relatividad?

—Otro misterio que antes de Galileo nadie sospechó que existía.

—¿Y hay forma de resolverlo?

—Cada misterio que intentemos resolver nos propondrá nuevos misterios. Uno quita un velo y sigue otro, uno quita el otro y siguen más.

—¿Sobra entonces su clase, profesor?

—Masa es peso, peso es fuerza, fuerza es aceleración y aceleración es caída. Cristo cayó tres veces pero ninguna de las tres caídas lo mató. Lo mataron los judíos crucificándolo por haberles salido con el cuento de que era el Hijo de Dios. Insolente y estúpido este hippie barbudo. ¿Cuál Dios? Dios no existe y de existir no tiene por qué tener hijos. ¡Benditos sean los judíos que en su rapacidad roñosa por lo menos mataron a esta alimaña que después de dos milenios sigue haciéndoles el daño a los hombres y a los animales!

Odio la física y la teología por mentirosas. Defiendo en cambio la pederastia por tres razones: Una, porque el niño cuando crezca también podrá ser pederasta. Dos, porque de niño o de viejo, con pederastia o sin, se lo comerán los gusanos. Y tres, porque Cristo dio ejemplo y los amó. «Dejad que los niños vengan a mí», decía. ¿Y para qué los quería? ¿Para darles chicles?

A mi amigo Fabio, cuyo apellido callo, le encantan los niños como a Cristo. ¡Pero que estén bien sucios! Una jauría iracunda de fiscales, padres, madres le sigue los pasos. «Estos, Fabio, ¡ay dolor!, que ves ahora, campos de soledad, mustio collado, fueron un tiempo Itálica famosa... Cuando la humanidad recapacite, Fabio, te va a esculpir en una estatua, con un niño de la mano a lo san Juan Bosco guiando a su Domingo Savio». Que en vez de estatua con niño, contesta, le den un pelado alentando. «Pelado» allá quiere decir niño, pero no sé por qué. Será porque antes de limpiarlos con la lengua los puerófilos les quitan la ropita, la cáscara, y los pelan como naranjas.

En tanto siguen bajando por el plano inclinado las rodantes bolas de Galileo, sus *rolling stones*, y las de Cavendish ponderando el tirón gravitatorio, una cosa sí les digo, académicos, señores: los *Annalen der Physik*, que desde 1799 venían dando guerra, en 1905 con Einstein llegaron a su culminación, a la cumbre del Himalaya. ¡Qué maremágnum de estafa! Los dirigía entonces el pillo de Max Planck, quien alcahueteaba a Einsteincito, quien lo citaba. Los *Annalen der Physik* se convirtieron entonces en voceros de la pandilla relativista, que fue creciendo, creciendo, creciendo: Mach, Poincaré, Minkowski, Weyl, Lorentz, Hilbert, Grossmann, FitzGerald, Ehrenfest, Eddington, de Sitter... ¡Ay, tan relativos ellos, tan transformacionistas, tan lorentzianos! Pasando lo de la izquierda de la ecuación a la derecha y lo de la derecha a la izquierda, bajando lo del numerador al denominador y subiendo lo del denominador al numerador, yendo y viniendo de la transformación galileana a la lorentziana de un lado al otro del signo igual... «¡Me publicaron los *Annalen der Physik*, soy doctor!» ¡Ay, tan orgulloso el hijueputica recién graduado de doctor por una revista! Doctor honoris causa de los *Annalen der Physik*. Una vida entera de *Homo sapiens* no alcanza para dar idea siquiera de la magnitud de la estafa que encierran sus páginas. Y ni quién las lea hoy pues están en alemán, en lengua abstrusa. Y hay más.

Traducidos los payasos relativistas al inglés se multiplica la confusión por la confusión, la porquería por la porquería, la estafa por la estafa. ¿Qué queda entonces, señores físicos, matemáticos consumados, doctores Vélez togados, decanos y rectores de la U de A en activo o jubilados, al lado derecho de la ecuación multiplicando P por P en el izquierdo? Queda Pe dos, P^2, porquería al cuadrado.

—Se debería candidatizar usted para la presidencia de la República, profe.

—¿Mendigo de votos yo? Que les mendiguen votos sus madres.

La universidad cumplió su ciclo. Surgida por obra de Satanás mediando el siglo XII en Bolonia, pronto se fue propagando como un hongo venenoso por la tifoide Europa: Oxford, París, Modena, Cambridge, Salamanca, Padua, Nápoles, Tolosa, Valladolid, Coimbra, Lérida, Perugia... Siete años de Trivium, ocho de Quadrivium, trece de teología, para salir graduados los educandos en putas y en disputas. La lujuria, la embriaguez y el juego se disputaban los favores de estos solivientados. Tomás de Aquino, fraile depravado de la pirómana orden dominica, hijo de Landolfo y de Teodora, de cuyo vientre salió aferrado fuertemente a un papiro en que traía escrita el Ave María, desde su cátedra de teología en la Universidad de París (más conocida como la Sorbona porque allí les sorbían el seso a los estudiantes) reinaba sobre las oscuridades medievales, a las que su condenada madre lo había parido, alumbrado. Comenzando la tercera parte de su *Suma teológica*, su obra cumbre, en Nápoles, tuvo una experiencia mística de tal intensidad que no pudo volver a escribir. Dijo entonces: «Me han sido revelados tales misterios que lo que he escrito me parece paja». Y sí. Con los ladrillos de mierda y paja que se pueden sacar de la *Suma teológica* da para construir una catedral gótica.

Pues bien, señor rector, señores académicos, decanos, damas y caballeros, amigos todos: De entonces a hoy la universidad sigue igual: engañando, mintiendo. La física ha reemplazado a la teología como ciencia máxima. Aquí en nuestra U de A, como en Oxford, en Cambridge, en Harvard, en Yale, ¡y en Princeton! En Princeton, donde enseñó Einstein, hermano de Groucho, Gummo, Zeppo, Chico y Harpo, los Hermanos Marx, él fue el sexto. Le escribió una carta al presidente Roosevelt pidiéndole que por favor no fuera a explotar la bomba atómica que él había inventado con su $E = mc^2$ sobre Hiroshima. Era un hombre bueno. A él le debemos también el SPG o Sistema de Posicionamiento Global. ¡Qué sería de nosotros hoy sin la bondad de este hombre! Gracias a su SPG, fruto de sus transformaciones lorentzianas, einstenianas, nos orientamos en el caos de nuestras congestionadas urbes.

—¿Y si le dan el premio Nobel de imposturología, profe? ¿Lo acepta?

—Que me le agreguen el de física.

—¿Entonces que cierren la U de A, la Facultad de Física y su cátedra? ¿Es lo que quiere?

—Que las cierren.

—¿Y de qué va a vivir entonces, profe?

—Ya les dije. De las mujeres. Y me dicen «profesor» enterito, que una sílaba que se traguen no les va a ahorrar muchas calorías.

Cierro la universidad, demuelo el capitolio y les prendo candela a Monserrate y al santuario de las Lajas. Y no más motos. No más motos zigzagueando por entre las otras motos y los buses y los carros atropellando perros y peatones y con hembras adosadas a la espalda del que maneja. Hembras culonas con los culos anchos al aire. La alcahuetería conmigo se acabó. Yo a esta turbamulta carnívora y proliferante, horda de culisucios y patasagrias, chusma vil, la meto en cintura. No más libertad de pensamiento. No más libertad de movimiento. Se acabó la permisividad. ¿A los ganaderos y a los carniceros? Decapitación con machete. ¿Al libertinaje de opinión? Coto. ¿A la democracia ladrona? Tiranía. Que la reemplace una tiranía bien orientada, bien encauzada, con sentido humano, justiciera, sanguinaria. Y a los tan cacareados Derechos del Hombre los voy a reemplazar por deberes. Como estamos no podemos seguir. O Apocalipsis o Armagedón.

—Si no sale presidente lo elegimos rector de la U de A.

—Ambiciones no tengo. Tan solo iluminar almas oscuras. ¿En qué estaba?

—En la perra del yerno de Vélez.

—Exacto. Decía que los pederastas son como la gravedad, instintivos. Siguen su natural tendencia.

A los 60 años el yerno de Vélez, el marido de Simplicio, se quedó huerfanito. Le mataron al papá de 99. ¡Han sufrido! Vélez no levanta cabeza. ¡Cómo pueden decir que envenenó a su mujer! Esas son calumnias, la humanidad es ruin. Muy inteligente no es, pero que llegue hasta el asesinato lo dudo. De todos modos ella no era la mamá del matemático, el buen Simplicio nació por fuera del matrimonio.

—No se llama Simplicio, se llama Simón.

La vida es dolorosa, dura. Por salud mental, corporal, moral, total, absténganse de la reproducción, muchachos, no la propaguen. ¿Qué tal si les sale un hijito con cuatro dedos en los pies? ¿O con tres? ¿O con dos? ¿O con un casco de caballo? Lo más feo que ha producido la evolución (¡y vaya que se ha esforzado!) es el pie humano. No hay pie bonito. Ni los bonitos.

No poder explicarles con palabras la luminosfera... Las ecuaciones embrollan, mienten, y una pintura no puede dar cuenta de ella. De la gravedad tal vez, con colores. Si pintamos de rojo fuerte el campo gravitatorio de la Tierra en su superficie, y de un rojo cada vez más desvaído a medida que nos alejamos de ella, ahí tenemos la graviesfera terrestre. Y si pintamos de un azul fuerte el de la Luna en su superficie, y de un azul cada vez más desvaído a medida que nos alejamos de ella, ahí tenemos la graviesfera lunar. Juntemos las dos graviesferas a un paso de la superficie de la Luna. ¿Qué color nos da? Por más fuerte que sea el azul de la Luna cerca a su superficie, y por más que se haya desvaído el rojo de la Tierra a 380 mil kilómetros y a un centímetro de aquella, este rojo desvaído tiene que ser más fuerte que el azul fuerte de nuestro satélite o de lo contrario la Tierra no lo retendría en su órbita. Y si Dios (pongamos por caso, y que en su Bondad Infinita no lo quiera) detuviera a la Luna un instante en su órbita y abriera acto seguido su Providente Mano para dejarla caer, la Tierra con su jalón se la chuparía, y la Luna se nos vendría encima en picada sobre los Himalayas y el Empire State. ¿De qué color resulta la mezcla del rojo terrestre y el azul lunar en las cercanías de la Luna? Más rojo que azul, según yo. Pero muchísimo. ¿Cuánto más en medición colorimétrica? Que compute Simplicio, el hijo de Vélez. Y que le asigne de paso valores numéricos al flujo radiante. Que nos dé el resultado en lumens.

—¡Simplicio no, profesor! Se llama Simón. Simón Vélez, el profesor de cálculo.

—Como se llame, Simón o Simplicio, da igual. ¿Y Vélez qué? ¡Vélez Vil! Y si no quiere calcular Simón Simplicio Vélez Vil, que no calcule y con su pan se lo coma.

No concibo el rebaño simultáneo. Ni siquiera logro contar las sucesivas ovejas. La noche se me hace eterna. El contador de la Muerte, el que le lleva su Libro mayor, el menor y el de caja, yo, el de la «Libreta de los Dos Mil Muertos» en la que tan amorosamente los voy anotando, no consigue conciliar el sueño.

La graviesfera, la magnetosfera, la electrosfera, la luminosfera. ¿Qué tienen en común las cuatro? El misterio de la esfera. ¿Cómo se mide una esfera? En unidades cúbicas: centímetros cúbicos, metros cúbicos, kilómetros cúbicos, pársecs cúbicos, años luz cúbicos, universos cúbicos... Pero hay esferas de esferas. Esferas pequeñas y esferas grandes, esferas que quedan y esferas que se van. La graviesfera es una esfera grande que se queda. La magnetosfera y la electrosfera son esferas pequeñas que se quedan (aunque el marihuano Maxwell, un einsteniano antes de tiempo, dice que también viajan, y ayuntadas). Y la luminosfera, en fin, es una esfera anómala que se va. Se va sí, pero en tanto viaja no existe pues solo cobra existencia al llegar, esto es, cuando la materia se le atraviesa en su camino y la paradójica viajera topa con pared. De existir la luz también en el camino, la luminosfera sería de tal inmensidad... Tan inmensa como el Universo. Por eso sueñan nuestros cosmólogos de hoy con que un día verán la luz del Big Bang, pero no. Esta marihuanada se le ocurrió a un cura belga einsteniano, Georges Lemaître, un ateo disimulado como la madre Teresa y que en premio a sus engaños hoy gira convertido en un planetoide o planeta menor, en una roca obtusa, en torno al Sol. Para terminar con el asunto de la luminosfera, la de una vela es pequeña, la de un foco de Edison más grandecita, la de un faro de mar más todavía, la del Sol grandísima, la de la Vía Láctea grandisisísima, y así. El día que desvele el misterio de la luz, o que haya resuelto siquiera el del vidrio y el espejo, moriré en paz como el Libertador Simón Bolívar después de haber liberado a Colombia de nada.

Por luz entendemos la visible y la invisible: el azul, el verde, el rojo, el amarillo, que se ven, y el ultravioleta y el infrarrojo, que no se ven. Y los rayos gamma y los rayos equis, que tampoco, pero que producen cáncer y algo ayudan al control de la población mundial desaforada. ¿El infrarrojo es el calor? No contesto. ¿Cómo va a ser calor el de una plancha ardiendo cuando la toco, y calor a un centímetro el de la misma plancha cuando le acerco el dedo pero sin tocar? ¿No dizque el calor es pues vibración de los átomos y las moléculas? Que el primer calor de la plancha, dicen, es calor por contacto. Y el segundo, por irradiación. ¡Ay, irradiación! ¿Embaucadorcitos de la física y del lenguaje a mí? ¿A mí viniéndoseme con conejitos y palabruchas sacados de la manga? No los acepto. Ni a los teólogos con su Paráclito que vendrá a anunciarnos la segunda venida de Cristo. Cristo no vuelve porque quedó bien muerto y enterrado. ¡Y al tercer día no se salió de la tumba! Unos arqueólogos israelíes acaban de encontrar sus restos en Beit Sheham. Le hicieron la autopsia a la osamenta y encontraron que no murió crucificado sino acuchillado. Acaso en una riña por una puta, la Magdalena.

Según el astrónomo Eddington, las fotos que él tomó del eclipse total de Sol de mayo de 1919 en la isla de Príncipe del golfo de Guinea confirmaban la relatividad y la curvatura del espacio-tiempo. Ahí tenían la tan ansiada prueba: en la desviación de las luces de cuatro estrellas que en las fotografías se veían desplazadas en un milisegundo de grado por obra de la inmensa gravedad del Sol. ¿Pero qué seguridad puede haber tratándose de una cantidad tan insignificante como un milisegundo de grado? ¿No sería un defecto del lente del telescopio lo que curvó la luz? ¿O un efecto de los granos del nitrato de plata de la emulsión fotográfica?

Evidentemente la luz de las estrellas solo se puede ver en la oscuridad de la noche pues de día la tapa el Sol con su luz. O bien de día pero por excepción, durante un eclipse total de Sol que hay que perseguir por la superficie de nuestro planeta como persigue Vargas de aquí para allá a la Fama. «Hoy la Fama con mayúscula, amigo Vargas, dura lo que una ventosidad con minúscula». Durante un eclipse total la Luna tapa el Sol y entonces podemos ver las estrellas que están cerca del aro luminoso que se forma en torno a este. En las fotos del eclipse de Príncipe se ve un grupito de estrellas diseminadas en torno a la corona solar. Las cuales según Eddington y los einstenianos no estaban en la posición que les correspondía. ¿Y cómo supieron qué posición les correspondía? ¿Porque las compararon con las fotos que les tomaron a esas mismas estrellas la noche anterior? ¿Y a qué horas de la noche anterior? ¿No ven que la Tierra gira y no la para ni mi Dios y no logro orientarme en ella ni siquiera de día yendo como voy montado en su lomo?

—¿Entonces se resigna, profesor, a no entender?

—¿Resignado el que les va a limpiar el país de habitantes?

El farsante Maxwell, que creía en Dios y en el éter, dijo que la luz era electricidad horizontal y magnetismo vertical. Y cagó ecuaciones. Veinte. Mentía por partida doble: por concepción y por ecuación. La electricidad es electricidad, el magnetismo es magnetismo, la luz es luz, Dios es Dios y yo soy yo y lo demás es superfluo.

—¿Tiene que ver Maxwell con el actor de *Muerte en Venecia* de Visconti?

—No, ese es Max Brod. Ah no, James Mason. Ah no, Charles Manson, el asesino de Polanski. O mejor dicho de la mujer de Polanski, de su viuda Sharon Tate. Ah no, Polanski es el que enviudó de Sharon Tate y el actor de Visconti es Dirk Bogarde, quien no trabajó con Polanski hasta donde sé, aunque Polanski hasta donde sé sigue prófugo.

Maxwell fue un gran físico escocés (léase un gran charlatán escocés) que terminó en unidad de medida, como todo físico que se respete: la del flujo magnético en el sistema cegesimal, en el que reemplazó al *line*, pero para ser reemplazado a su vez por el gauss en el Sistema Internacional de Unidades. Un máxwell equivale a 1 gauss multiplicado por 1 centímetro al cuadrado, o sea 10^{-8} wéber. Quedó pues reducido a nada. ¿Diez a la menos ocho qué puede ser? Y el wéber es 1 voltio multiplicado por 1 segundo, o sea 1 metro al cuadrado multiplicado por 1 kilogramo y dividido por 1 segundo al cuadrado multiplicado por 1 amperio. Un amperio, en honor de Ampère. Un voltio, en honor de Volta. Un wéber, en honor de Weber. Un máxwell, en honor de Maxwell. Y un gauss, en honor de Gauss. Los políticos y los poetas terminan en calles; los físicos, en unidades. ¿Y los imposturólogos cuando muramos y nos reconozcan, en qué? Si bien nos va, en cráteres de planetoides. Mnemotecnia para no olvidar: el máxwell, como el de la *Muerte en Venecia*. Y el gauss, como cuando uno le dice a un perro: «Ven, Gauss, no te acerques a ese cojo que te pega».

—Profesor, ¿por qué hablando del wéber dice que dividido por segundo al cuadrado? Un segundo al cuadrado da 1 y el 1 no divide nada. No solo sobra «al cuadrado» en su división, sobra el 1.

—¿Y si son 2 segundos qué? Dos segundos elevados al cuadrado dan 4. Aprendan a callar, jóvenes, si quieren triunfar en matemáticas. No se peguen de minucias ni discutan lo establecido, que para establecer cualquier cosita la humanidad se ha tardado milenios. Por eso le van a seguir rezando otros dos milenios al bobo de Einstein.

Los pintores primero quieren un libro grande de mesa consagrado a sus vidas y obras, luego un museo y luego una plaza. Ejemplo: Botero. Habiendo tenido Botero lo anterior, ¿saben a qué le puso últimamente el ojo? A una ciudad entera. A la suya, a la mía, a la de la U de A, «Medellín de Botero».

Con los escritores pasa igual: empiezan queriendo premios y acaban pretendiendo uno propio con sus nombres. Ejemplo: el que ya saben. El que va y viene, el que sube y baja, el que come y caga, el de la estatua. Se ha apoderado de él la ambición del bronce. Y no descansará hasta que no lo caguen las palomas.

—¿Profesor, usted de veras cree en la graviesfera?

—No.

—¿Y entonces por qué la plantea?

—Para que piensen. Para estimularles sus perezosas neuronas.

El *Dialogo sopra i due massimi sistemi del mondo* lo escribió Galileo para defender la tesis copernicana de que la Tierra gira en torno al Sol y no al revés. Y el gran navío era uno de sus argumentos. Así como en la bodega cerrada de ese navío de gran calado que avanza en línea recta con mar en calma no se puede distinguir si navega o está quieto pues en él la vida sigue igual, igual pasa con nuestro planeta, nuestro barco grande, que parece quieto pero que está trazando una órbita de un año en torno al Sol. Así es, venerable Galileo, pero hay más: también rota. Que avance anualmente en torno al Sol vaya y pase pues es tan larga su órbita que haz de cuenta la línea recta en que va tu barco. Pero tu barco no está rotando a la vez. No tenías derecho a comparar la Tierra, que rota sobre su eje cada 24 horas, con un barco, que no rota. Pasaste de largo frente al misterio de los marcos de referencia einstenianos y lo dejaste ir. Dejaste que se te fuera el barco del misterio con tus *animaletti volanti* por ponerte a discutir. ¡Discutidor! ¡Disputador! ¡Tramposo!

Que uno pueda jugar partidos de ping pong en un barco o tren o avión en movimiento... ¡Increíble! Y que la Tierra gire como una bola estúpida... ¡Desolador! No hay esperanza para el hombre. Por donde miremos, todo a nuestro alrededor es misterio. No experimenten, muchachos, porque lo aumentan. No se reproduzcan, porque lo empuercan. Midan, no piensen. Vélez tiene la razón.

—¿Se siente mal, profesor?

—Mareado. Siento la rotación de la Tierra.

—Siéntese para que no se caiga. ¿Le traemos agua?

—No, tequila. El mareo a mí me lo quita el alcohol absoluto. O sea el que está privado absolutamente de agua. Que uno pueda jugar ping pong en un avión no me cabe en la cabeza. Sosténganme que me voy a caer.

Por fuera del mundillo maloliente de los físicos nadie conoce a Maxwell. Y sin embargo fue el impostor más grande del siglo xix después de Darwin. Que la luz es magnetismo y electricidad conjugados, dice. Que van ayuntados pa'lante, pero el uno vibrando p'arriba y p'abajo, y el otro vibrando pa'un lado y p'al otro. Y que entrelazados así, vibrando, constituyen una onda. ¿Y una onda de qué? De vacío no puede ser, porque el vacío no ondea. ¿De agua entonces? ¿O de aire? Pues no hay onda sin medio que ondee. Que dizque en el éter. Que ahí ondea la onda electromagnética. ¡Ah, con razón, ya entiendo! Ya entiendo para qué se inventaron el éter. Para que ondee una onda, la onda electromagnética. Y ondeando en el éter, va la luz cabalgando en sus ondas, subiendo y bajando como en una montaña rusa. El «luminiferous aether». ¿Y si no hubiera éter? Si no hay éter, pues no hay ondas, y si no hay ondas, pues no hay luz. Y si no hay luz, que no sufra el ciego, que no hay nada que ver. Ahora bien, como el experimento de Michelson y Morley, realizado poco después de la muerte de Maxwell, probó que no había éter, entonces no solo no hay onda de éter sino que tampoco hay luz. Con razón veo tan mal. ¡Y yo pensando que me estaba quedando ciego como Borges!

—Lo que pasa es que usted, profesor, no entiende las ecuaciones de Maxwell porque no nació para las matemáticas, según el profesor Vélez, su colega. Dice que usted no va a pasar de imposturólogo.

—A mí las matemáticas, jovencito, me hacen lo que el viento a Juárez: me ventean y me refrescan la estatua. Mi estatua viviente.

Empezó Maxwell con 20 ecuaciones expresadas en álgebra de cuaterniones, después él mismo las redujo a 13, y después vino otro y se las redujo a cuatro. A cuatro ecuaciones diferenciales parciales: una, la de la Ley General de Gauss que describe la relación entre un campo eléctrico estático y las cargas eléctricas que lo producen. Dos, la de la Ley del Magnetismo de Gauss que dice que no existen cargas magnéticas análogas a las eléctricas, y que no hay monopolos magnéticos sino dipolos. Tres, la de la Ley de Faraday que dice que un campo magnético que varía en el tiempo induce uno eléctrico. Y cuatro, la de la Ley de Ampère que estipula que una corriente eléctrica genera un campo magnético. Las cuatro leyes de Maxwell son pues ajenas. Sin fórmulas diferenciales, ni cálculo de vectores, ni de tensores, ni formalismos abstrusos, he ahí resumido, jóvenes, el asunto. Y que de esas cuatro leyes estáticas parte una onda electromagnética móvil y se va por el espacio infinito... Hombre, por Dios, habrase visto mayor cretinada... El electromagnetismo viajero de Maxwell es mierda. Como el espacio-tiempo de Einstein. Por eso el odio que me tienen los Vélez, padre e hijo. Se les van a podrir las tripas.

La luz es fugacidad, la gravedad permanencia. La luz parte, desaparece y llega. La gravedad queda. Si prendemos un foco de los de filamento de Edison, hay luz. Si lo apagamos, no hay luz. Si prendemos un faro de isla o costero, hay luz. Si lo apagamos, no hay luz. Si prendemos un farol de calle, hay luz. Si lo apagamos, no hay luz. Si prendemos una vela de sebo, hay luz. Si la apagamos, no hay luz. Si prendemos un cirio pascual de cera, hay luz. Si lo apagamos, no hay luz. Si prendemos un Sol radiante, hay luz. Si lo apagamos, no hay luz. Si encendemos una fogata en la playa, hay luz. Si la apagamos, no hay luz. En cambio la gravedad, digamos la de la Tierra, no se la apaga ni el Putas, un conocido mío. Habría que desintegrarla primero con una explosión atómica vaya a saber Dios de cuánto. Pero antes de seguir con las jaculatorias permítaseme, por si se me olvida, que salga de una vez por todas de esto: la democracia es alcahueta, puta y ladrona. Condiciones sine qua non de este engendro de la mentira, las consubstanciales. Maxwell reencauchó a Cavendish. Con la plata de un pariente del boludo rico muerto le montó en la Universidad de Cambridge el Laboratorio Cavendish. Dios los hace y ellos se juntan.

La gravedad permanece en el espacio prolongando la materia. La luz en cambio se va, no queda. Salta por sobre el tiempo, negándolo, y llega. Y a veces ni eso, pues una chispa salta y no llega: se apaga en sí misma tras iluminar durante un instante un poco de nada en el vacío. Eso sí, llegue o no llegue, la luz la produce la materia, entendiendo por materia lo que ustedes quieran. No brota pues de la nada de Dios. Tenemos que decidir dos cosas: si llega o no llega; y si viaja o no viaja, o sea si salta. En tanto el foco que la produce no se apague (el Sol, la vela, el faro, la fogata) nos seguirá tomando el pelo: seguirá siendo dejando de ser. ¿Se apagó el foco? Problema resuelto. Tratándose de la luz, solo la oscuridad a mí me resuelve la paradoja, el dilema. La luz se da por salto, saltando por sobre el tiempo. A veces llega, a veces no. Y no existe la luminosfera. No se puede llenar el Universo de infinito.

—Dice el profesor Vélez que acepta que usted niegue a Dios y hasta las matemáticas, ¿pero negar 300 mil kilómetros por segundo, la velocidad de la luz, impunemente?

—Elévelos al cuadrado como Einstein, o al cubo como doña Pelotas, para que le queden negados más impunemente. Y detesto los adverbios terminados en «mente». No bien haya expurgado al español de esta roña bajaré tranquilo al sepulcro.

—¿Y que cómo interpreta entonces, según el profesor Vélez, las mediciones de Fizeau y Foucault?

—¡Midiendo 300 mil kilómetros por segundo el par de pelotudos con una rueda dentada y dos espejos! Lo que me inquieta es Roemer y los eclipses de Io, una de las lunas de Júpiter. ¿Nos estaría mintiendo el danés este?

—Mire a Io con unos binóculos. Sígale la pista tres o cuatro años y verá si mintió o no mintió el danés ese.

—Fíjese que no, joven. Los binóculos me producen paralaje. Además para entender yo no necesito ver. Con solo existir entiendo. Veo con el intelecto.

De lo cual tenemos que deducir (¡qué remedio!) que hay chispas de chispas: el contacto carnal con una chispa quema. El incarnal no quema. Contacto carnal es el del Espíritu Santo con la Virgen. Contacto incarnal, el de la visión limpia y pura.

—Contactos incarnales son ambos. La Virgen no fue fecundada por el Espíritu Santo per se, sino por su luz.

—Por lo tanto Cristo es hijo de la Luz, por lo tanto lo que crucificaron los judíos fue una Luz, por lo tanto no hubo redención ninguna porque una luz no sangra. ¿No será la chispa, jóvenes, el quántum de Max Planck?

Alcahuete de Einstein, discípulo de von Helmholtz y Kirchhoff, con una mente obstruida desde la juventud por las ideas de Clausius sobre la entropía (la pendejada máxima), a caballo el hamponcillo entre los siglos XIX y XX, los más grandes de la estafa de la física, ganador del impúdico galardón a la impostura o premio Nobel de física, payaso precuántico, miope y calvo, Max Karl Ernest Ludwig Planck tiene un cráter en la Luna, el cráter Planck; su ley propia, la Ley de Planck, que explica el espectro de emisión de un cuerpo negro; su constante ad hoc, la constante de Planck, que se usa para calcular la energía de un fotón; y un satélite artificial para fotografiar con gran sensibilidad y resolución angular la radiación cósmica de fondo (the cosmic background radiation) que nos inunda desde poco después del Big Bang. Ya empezó pues el hombre a empuercar su satélite natural hasta con los nombres. ¡Dizque el cráter Planck! Habremos de ver un día a Selene preñada de condones pringosos y botellas vacías de Coca Cola. De su maestro Kirchhoff, eso sí, me inquietan esas dos haches seguidas y que resuenan en dos efes como dos jugadores con dos raquetas cada uno jugando ping pong.

—Unos estudiantes de la Facultad de Derecho lo vieron esta mañana a usted cuando llegaba a la universidad y comentaron: «Ahí viene el imposturólogo. Un poco cojo». Se nos hace que le están armando un homenaje, profesor.

—«Si mi muerte contribuye para que cesen los partidos y se consolide la unión, yo bajaré tranquilo al sepulcro», dijo Bolívar en su lecho de muerte. La premisa de esta oración condicional invalida la conclusión. Ha debido decir: «Si mi muerte contribuye para que cesen los partidos y se consolide la unión, bendito sea Dios». A lo mejor el Libertador quería seguir mandando después de muerto. Los grandes hombres nacieron para el mando. Así son.

Júpiter oculta a Neptuno, Mercurio oculta a Urano, Venus oculta a Mercurio, Mercurio vuelve a ocultar a Urano, Mercurio oculta a Marte, Venus oculta a Neptuno, Mercurio vuelve a ocultar a Marte, Venus vuelve a ocultar a Mercurio y hemos llegado así, de fenómeno celeste en fenómeno celeste, al año 2133. Para entonces, y desde hace mucho, el hombre ya no estará, habrá concluido su ciclo con su pequeño Big Bang, una guerrita nuclear. ¿Y para qué sirvió entonces que el Padre Eterno mandara a su Hijo Cristo a que lo redimiera? Una pulga de Lilliput es irredimible. Se dice de un movimiento que es errático cuando no es uniforme. ¿Qué uniformidad puede haber en este caos del cielo? Lo uniforme es claro, límpido, transparente; la obra de Dios es complicada y chambona. Pospónganme el homenaje para el 2133 a ver si todavía estamos. Vayan rezando entre tanto conmigo contestando como eco: «Ora pro nobis».

—Lunas de Júpiter.

—Ora pro nobis.

—Anillos de Saturno.

—Ora pro nobis.

—Tránsito de Venus.

—Ora pro nobis.

—Ocultación de Mercurio.

—Ora pro nobis.

De sus observaciones sobre los eclipses y ocultamientos de la luna Io tras su planeta Júpiter, hechas entre 1672 y 1676, el astrónomo Roemer sacó como conclusión que la luz no era instantánea sino que viajaba. ¿De veras? ¿No era instantánea? ¿Viajaba? «¡Fiat lux!», dijo Dios y saltó una chispa. Y chispa que salta no viaja: se apaga. ¿Dónde están ahí, en la chispa de Dios, los putos 300 mil kilómetros por segundo? Por sobre el espacio infinito y su vacío oscuro la luz salta. Me acaba de dar justamente en un ojo una chispita del Big Bang. Se me fue a la retina y se siguió culebriando por las áreas visuales repartidas por la corteza de mi cerebro de *Homo sapiens*. Y se apagó. De la chispita del Big Bang, como quien dice, en mí ya no quedó nada. ¡Pobre Vélez! Matarse junto con su hijo y su yerno, el matrimonio feliz de los dos gueicitos... ¿A qué altura de la carretera a La Pintada se fueron por el rodadero?

—Llegando a Santa Bárbara, profe, tras haber coronado el Alto de Minas. Los sacaron carbonizados del abismo.

—Seguro que el pobre Vélez, con lo impulsivo que era, quiso rebasar en una curva a un truck. Esa carretera es muy peligrosa.

—Exacto. El truck le dio un coletazo y lo mandó al abismo. ¿Y la chispita del Big Bang que le llegó al ojo no le calentó por casualidad alguna neurona del cerebro, profesor?

—¡Claro, la luz calienta! ¡No estar el hijo de Vélez para que nos calculara el calentamiento de una neurona por una chispa! A lo mejor nos da la constante de Planck y nos ganamos el Nobel. ¡El fiestononón que nos va a hacer la U de A con su primer premio Nobel! Va a bajar del puesto 1550 al 1549. O sea a subir, porque el ranking sube bajando.

Dios sí hace muy bien las cosas. En su Sabiduría Infinita desbarrancó a Vélez con hijo y yerno por el rodadero de Santa Bárbara, la patrona de los electricistas, la que los protege del rayo. Por lo visto santa Bárbara bendita no protege a los viajeros de los abismos. ¡Cómo no va a existir Dios y cómo no va a ser Bueno! A mí me quiere. Por eso yo también lo quiero. Dando y dando.

Como sus nombres lo indican, mi graviesfera, mi magnetosfera, mi electrosfera y mi luminosfera coinciden en la esfera. ¿Qué diferencia hay entre ellas? La que hay entre el ser y la nada. Las tres primeras son reales, existen, ahí están, son prolongaciones inmateriales de la materia. La cuarta es invento mío. Si algo he dicho hasta ahora de la luminosfera, tómenlo como tímidas aproximaciones de un docente al misterio para introducir en él a sus alumnos. Borrón y cuenta nueva. Empecemos de nuevo.

La gravedad, el magnetismo y la electricidad ahí están: quedan como la materia que continúan, no se van. La luz en cambio se va, dejando atrás la materia que la produjo. Su ser es irse. ¿Pero de veras «se va»? ¿No estaré falseando los hechos hablando de «irse»? ¿No será más bien que «salta»? ¿Que salta por sobre el espacio convertida en tiempo? Lo que llamamos luz es una partecita de un continuo que empieza en las ondas de radio (que no son ondas) y acaba en los rayos gamma (que no son rayos). Prohibido hablar aquí de ondas, de rayos y de leyes de la naturaleza. Ondas son las que produce una piedra al caer en un lago; rayos los de la atmósfera, de los que protege santa Bárbara; y leyes las que promulgan los hampones del Congreso colombiano. En cuanto al «espectro electromagnético» de los payasos maxwellianos, lo llamaremos aquí «espectro luminoso», del cual captamos una partecita por los ojos (del azul al rojo pasando por el verde y el amarillo); otra por el calor (en un microondas); y otra por los cánceres que nos produce (en las tomografías de la Clínica Soma de Medellín, Colombia, un robadero como hay pocos). En cuanto a la gravedad, la captamos por el peso; la electricidad la captamos por los toques que nos da cuando metemos los dedos en el enchufe de un foco; y el magnetismo del gran imán que culebrea dentro de la Tierra lo captan las aves migratorias. Los animales captamos pues por los sentidos lo inmaterial de la materia. Para resumir antes de seguir razonando: la gravedad, el magnetismo y la electricidad quedan, la luz se va. Pero los cuatro son inmateriales.

—¿Y una corriente eléctrica que se propaga por un alambre no «se va»?

—A su debido tiempo explicaré la marihuanada de los electrones. No coman ansias que a toda capillita le llega su fiestecita, muchachos.

La gravedad, el magnetismo y la electricidad quedan porque se dan en el espacio. La luz no queda porque se va en el tiempo, pues de existir (cosa que dudo) y de viajar (más todavía), existiría y viajaría en el tiempo. Por su existencia espacial, la graviesfera, la magnetosfera y la electrosfera nunca desaparecen. Mirémoslas o no las miremos, considerémoslas o no las consideremos, ahí siempre estarán. No se puede desaparecer todo un planeta Tierra, por ejemplo, con un «¡Fiat lux!» como apagando o prendiendo un foco.

¿No sería el «Fiat lux» una tomadura de pelo del Eterno? ¿Una burla a su bufón palaciego, el bípedo sabio sin ombligo que se sacó, como se saca un prestidigitador un conejo de la manga, de una costilla de la serpiente Eva? En su Aburrición Infinita Dios hizo al hombre en pelota y se divierte con él. A Roemer le tomó el pelo con una luna de Júpiter haciéndole creer que su luz viajaba. Io ni siquiera tiene luz, se la presta el Sol.

—El espacio y el tiempo para usted no existen, profesor, pero los usa cuando los necesita.

—Claro, para eso están, para eso se los dio Dios al hombre: para que los use cuando los necesite. Son como el pueblo para el político, que en campaña adula, masturba y promete, y no bien lo eligen: «Que coma mierda el pueblo y lo masturbe su madre».

La materia y la inmateria que la continúa son reales. El tiempo y el espacio son mentales: recursos de los animales superiores dotados de sistema nervioso con el que tratamos de desembrollar la realidad, sin querer aceptar nunca que no es desembrollable. Esto por un lado. En cuanto a la luminosfera por el otro, la he ideado simplemente para explicar algo imposible: que haya algo que puede llegar a alcanzar el tamaño del Universo. Y es que la luz que se va seguirá yéndose hasta topar con pared. ¿Pero si no topa? ¿Se sale de los confines del Universo? El marihuano de Einstein responderá que no porque el Universo se curva. ¡Claro, él sí sabe! Como en vida el cabrón le dio una vuelta...

Una de dos: la luz es materia o no es materia. Si es materia, ¿dónde vamos a acomodar las luminosferas de todos los soles de todas las galaxias, que se van hinchando, hinchando, hinchando como los vientres de esta cáfila de mujeres preñadas que nos están atiborrando el planeta? Y si es inmaterial, no tiene entonces por qué viajar, pues lo inmaterial no requiere del espacio: da un salto por sobre este y borrándolo borra de paso el tiempo. Por eso de un solo salto desde sí mismo con su prodigiosa mente de *Homo sapiens*, el *Homo sapiens* Vélez pudo volver al Big Bang.

La Tierra, que es material, se prolonga en su gravedad, que es inmaterial. El imán, que es material, se prolonga en su magnetismo, que es inmaterial. Y un monopolo eléctrico, que es material, se prolonga en su electricidad, que es inmaterial. Y al prolongarse lo hacen por arriba y por abajo, por delante y por detrás, por un lado y por el otro. Al ser pues estas prolongaciones tridimensionales y no bidimensionales como sugiere la palabra «campo» usada por Faraday para el magnético y el eléctrico (y a partir de él por otros para el gravitatorio), me he visto compelido a designarlas como graviesfera, magnetosfera y electrosfera respectivamente. Campo es uno de golf. ¿Cuántas dimensiones tiene un campo de golf?

—Dos, profesor: largo y ancho.

—¿Ven? Entonces el que dice «campo» gravitatorio le está quitando su tercera dimensión: el alto. En cambio si decimos «graviesfera», tenemos gravedad por todos lados, por los mil rumbos del espacio.

—Ahí no hay ninguna novedad científica, profesor. Lo suyo es simple cuestión de palabras.

—Sí, pero en la palabra está el hombre. Sin palabra no hay *Homo sapiens*. Y sin *Homo sapiens* no hay Big Bang, ¿porque quién lo concibe? Pobre Vélez, murió pronto, rozando los 80, lo extraño. Se me quedaron en el tintero varias cositas por decirle a este chavo.

Si privamos al *Homo sapiens* de la palabra, lo convertimos en el *Simius mutus*, el simio mudo, y le quitamos su máxima ventaja evolutiva, la mentira. Le quedará para mentir, eso sí, la *tabula stercorea*, el pizarrón mierdoso, para que siga garrapateando en él sus ecuaciones. Pero las ecuaciones cuando de comer se trata poco importan.

La graviesfera, la magnetosfera y la electrosfera van disminuyendo en el espacio a medida que se alejan, según la distancia elevada al cuadrado. ¿Y qué más da que sea al cuadrado, o en proporción simple o al cubo? Lo del cuadrado fue un embeleco de Newton para la gravedad y de Coulomb para la electricidad y el magnetismo. Lo que importa es que a medida que se alejan van disminuyendo, y punto. ¿A medida que se alejan de qué, me pregunto? A medida que se alejan del cuerpo a que están ligadas, como la materia está ligada al espíritu o el espíritu a la materia, me contesto. En algún punto del espacio la gravedad, el magnetismo y la electricidad se acaban, pero no se van: ahí quedan. La luz en cambio se va, no queda. ¿Me siguen o no me siguen? ¿Me explico o no me explico?

—Sí, profesor.

—Yo no lo sigo, profesor.

—El que dijo «no» se quedó en el andén, lo dejó el tren. Vaya midiendo mientras tanto, joven, para que no pierda su precioso tiempo, la velocidad de la luz con una regla. Y de paso nos dice si la regla se encoge o no se encoge a lo Lorentz, y si el tiempo se dilata o no se dilata a lo Einstein. El que sí se encoge o se dilata, según el reverberar interior y según pinta el tiempo, es el que le puso Dios al hombre en el bajovientre.

La graviesfera de la Tierra se acaba en el millón de kilómetros que le calculo, kilómetro más, kilómetro menos, y se cierra ahí a los restantes rumbos del espacio. ¿Por qué se acaba?, pregunto. Porque todo tiene un límite, el zenoniano, contesto. ¡Qué manía la que le dio, por Dios, a la humanidad de preguntarse para inmediatamente responderse! Esta es una figura de lenguaje estúpida, barata, y si la he usado fue para denunciar el mal ejemplo que les daba Vélez. No la usen, muchachos, por favor respétense. En mi infancia nadie hablaba así. ¡Qué tiempos paradisíacos los míos, ay, pero idos son!

Y de igual modo que la graviesfera de la Tierra se acaba en el millón de kilómetros, la magnetosfera de un imán se acaba a los 20 centímetros, o sea el tamaño de un plátano derecho. La electrosfera de un monopolo eléctrico igual, en otro plátano derecho. Pero ahí siempre están, no se van: duran, quedan. Existen en el espacio, no en el tiempo.

La duración de las cosas la medimos con las vueltas que dan las manecillas de un reloj, por ejemplo, o con las vueltas que da la Tierra cada 24 horas girando sobre sí misma, otro ejemplo, y creemos que la estamos midiendo con el tiempo. ¡Qué va a tener que ver, por Dios, Cronos, el dios, con un aparato obtuso que hace tic tac, o con una bola estúpida que rueda doce horas patas arriba y doce horas patas abajo! El estúpido Einstein confundía a Cronos con un reloj y la humanidad se tragó el cuento. A Vélez se lo expliqué un día, y vaya el odio que me tomó. ¡Pobre! Había nacido para lacayo. Al final ni me hablaba. ¿Y por qué estoy hablando de la duración? Respondan ustedes, jóvenes, para no tener que responderme yo siempre.

—Nu nu. No sabemos, profe.

Estoy hablando de la duración porque la graviesfera, la magnetosfera y la electrosfera duran, quedan, y porque la luminosfera no dura, no queda, sino que se va. Está en la esencia de la luz irse. Duración es permanencia en el espacio, no sucesión en el tiempo. No se puede medir lo que está quieto con lo que se mueve.

—¿Y cuando el hombre se mueve, profesor, qué está pasando?

—Nada. Turbio espejismo del alma, ilusión, el movimiento es atropello. Al moverse el hombre desplaza espacio ajeno abusando de lo que el espacio ajeno tiene de vacío. A ver si es capaz el bípedo puerco de moverse a través de un bloque de hierro.

—¿Y el cerebro humano en qué se prolonga? ¿En una cerebrosfera?

—En un enjambre de moscas.

Al engendro de magnetismo ayuntado con electricidad lo llamaron los maxwellianos «radiación electromagnética» o «espectro electromagnético». Le imprimieron la velocidad de 300 mil kilómetros por segundo de que se venía hablando (kilómetro más, kilómetro menos) desde Roemer, y carpetazo, asunto resuelto, solucionado quedó uno de los más grandes enigmas del Universo. La anterior solución no aparece sin embargo en las ecuaciones de Maxwell, ¿saben por qué? Porque no es suya, porque se la inventaron sus explicadores verbales. Con los genios de la física pasa siempre lo mismo, ellos no explican, no tienen por qué, son pitonisas de culo en calzón y fórmula en pizarrón. Para que expliquen están sus lambeculos lacayos, los Vélez de este mundo que nunca faltan y medran a su sombra. Hagan de cuenta la mafia de un partido político. Mil, dos mil, diez mil mafiosos que se aglutinan en torno a un líder al que ayudan a subir para que reparta entre todos el botín, el pastel: «Este trocito para fulanito, este otro trocito para menganito, este otro trocito para zutanito, este otro trocito para perenganito. Y las 19 vigésimas partes restantes ¡pa mí!».

Del engendro maxwelliano conservaré sin embargo la palabra «radiación» porque me sirve, para poco pero para mucho: para sacar una gotica de agua limpia del pantano. Sí, la luz es una radiación. ¿Pero de qué? De la materia. ¿Y qué irradia la materia? Espíritu de materia. ¿E irradia la materia hacia los cuatro puntos cardinales y toda la rosa de los vientos su espíritu de materia? Y no solo lo irradia sino que lo que irradia llega. ¡Qué desperdicio, señores, si así no fuera! ¡Qué mal hecho estaría el mundo si no fuera así! Luz que no llega, luz que se desperdició, y así la obra del Señor dejaría de ser perfecta. Tarde que temprano toda luz que se emite llega. ¿No me acaba pues de dar un fotón del Big Bang en un ojo? Ningún fotón de luz se ha desperdiciado jamás, todos han llegado.

¿Entonces la luminosfera de cualquier foco puede abarcar el Universo? ¿La de un cocuyo por ejemplo? Así es, en efecto: mientras una luz no tope con pared, tiene para buscar hasta encontrarla lo que abarque el Universo. Una vez que da en algo (en un árbol, en una vaca, en otro cocuyo, en un ojo) la luz del cocuyo descansa y dice: «¡Llegué!». ¿Pero descansa de veras? ¿Y si rebota? Toda luz rebota: en un cuerpo verde, en uno amarillo, en uno rojo, en uno azul. Hasta en el cuerpo negro de Max Planck, brille o no brille. Y luz que rebota vuelve a rebotar. Y así otra vez y otra vez y otra vez, de aquí para allá. Solo termina este jueguito de ping pong de la materia consigo misma cuando la luz reflejada da en un ojo y se sigue culebriando por las áreas visuales del cerebro, donde se queda, aunque a veces baja al corazón. Veo la serpiente, que me mira. Mis ojos se reflejan en sus ojos y siento por ella una doliente compasión que se me vuelve amor.

—Profe, nos resultó poeta y santo. Pero hágase ver el pie, que no le cuesta. Como docente que es, en la U de A goza usted de servicio médico gratuito.

—No creo en médicos. Ni en medición de astrónomo.

Para terminar con este engorroso asunto de la luz y antes de irme a vivir a Marte, donde la gravedad jala menos y no me interrumpen, dos cosas: una, que no solo hay luz reflejada sino también directa. Y dos, la ley de la propagación esférica que a partir de un punto irradia en todas las direcciones del espacio según el cuadrado inverso.

Cuando vemos una estrella vemos su luz directa. Por venir de tan lejos la luz de una estrella no nos ilumina nada, en nada se refleja. Sin embargo nos llega a los ojos. La luz de una vela, en cambio, además de iluminar la vela ilumina lo que está en torno. Y como la vela la luz del Sol, nuestra estrella, el déspota al que a diferencia de los restantes trillones de estrellas no podemos mirar de frente porque nos quema los ojos. Como a Moctezuma, el gran tlatoani de los mexicas, que al que levantara la vista para verlo lo hacía matar en lo alto de sus pirámides de su gran Tenochtitlán con un cuchillo de obsidiana. Fue pues el Sol, el quemaojos, el que le iluminaba a Roemer de noche la luna Io del harén de Júpiter (un harén mixto de hombres y mujeres, un gineceo-androceo) para que mediante su luz reflejada la pudiera ver en su telescopio y se le encendiera el foco. Tras ir anotando las apariciones y ocultaciones de Io entre 1671 y 1677, tuvo que aceptar lo que es verdad de Dios desde entonces: que la luz no es instantánea sino que viaja. ¿Y por qué habría de viajar, pregunto yo, si no es materia? ¡Y luz refleja además, la criada de la casa! Todavía que fuera luz directa...

Io es una de las cuatro lunas de Júpiter que descubrió Galileo en 1610 con un telescopio que él mismo fabricó basándose en las descripciones que le hicieron del reciente invento debido a los holandeses. A Io le toma en promedio 42 horas y media su vuelta de traslación en torno a Júpiter, su planeta. ¿Y por qué digo «en promedio»? A la Tierra no le toma un año «en promedio» darle una vuelta al Sol sino un año exacto. Lo digo porque las sucesivas órbitas de Io cambiaban de duración, o parecía que cambiaban. Para 1671, cuando Roemer empezó a ocuparse del asunto, ya los astrónomos se habían percatado de la irregularidad de los que llamaron eclipses de Io, sin entender la causa. Se veían obligados entonces a introducir periódicamente correcciones en sus tablas astronómicas para poner al día esta caprichosa luna. Ya a Cassini, el astrónomo del recientemente fundado Observatorio Real de París y a quien Roemer le debe haber entrado al gremio de los astrónomos, se le había ocurrido la idea de que las irregularidades aparentes se daban porque la luz no llegaba de inmediato sino que le tomaba un tiempo. Desechó la idea vaya a saber Dios por qué, pero Roemer la retomó, y en agosto de 1676, después de cinco años de desvelos observando a Io, le informó a la Real Academia de Ciencias de París que en sus tablas de las apariciones y desapariciones de esta luna iba a cambiar la base de sus cálculos porque sus irregularidades lo movían a pensar que la luz viajaba.

Al ser de 42 horas y media en promedio la traslación de Io en torno a Júpiter (muy poco tiempo si lo comparamos con el año que le toma a la Tierra la suya en torno al Sol, pero qué le vamos a hacer si el Sistema Celestial de Dios es caprichoso), en una sola noche de observación con el telescopio se puede constatar que se está moviendo. Alguna noche se podrá verla desaparecer detrás de Júpiter y alguna otra verla surgir de detrás de él. Sin entrar aquí en detalles diré que Roemer observó que a medida que la Tierra se alejaba de Júpiter y sus satélites el tiempo requerido para que se dieran las apariciones y desapariciones de Io iba aumentando, y que a medida que se acercaba iba disminuyendo. Sumando la duración total de las órbitas de Io en los seis meses de alejamiento de la Tierra o en los seis meses siguientes de acercamiento, le daba a Roemer 11 minutos de diferencia (bien fuera de más o bien fuera de menos) respecto a los esperados con un movimiento regular.

En el centro de la órbita de la Tierra está el Sol, cuya luz se refleja en Io y rebota en los telescopios. ¿En qué punto de su órbita estará la Tierra dentro de seis meses contados a partir de este momento en que escribo? Estará en el punto exactamente opuesto al que ocupa ahora. Pues esos 11 minutos de diferencia que advertía Roemer en un sentido o en otro son los que según sus cálculos tardaba la luz del Sol en llegar a la Tierra: 11 minutos luz, lo que nos daría una velocidad para la luz de 222,000 kilómetros por segundo. Desde principios del siglo XIX la humanidad sabe (yo no pues como no logro comprender nada no sé nada) que la luz del Sol viaja a 300,000 kilómetros por segundo, por lo que le toma 8 minutos llegar a la Tierra y no los 11 que calculó Roemer, pero esto no tiene importancia. Lo que importa es que la luz viaje o que no viaje. Quitarle 78 mil kilómetros a la velocidad de la luz (si es que viaja) es como quitarle mil millones de años al Big Bang. O a mí otro tanto en dólares de mis cuentas bancarias.

—Felicitaciones, maestro. Con tan concisa exposición nos ha logrado explicar el complejo asunto de la luz de Roemer. Más claro no canta un gallo a la luz del amanecer.

—Gracias, jóvenes, por sus poéticas palabras, que me encienden la esperanza en la juventud de Colombia. Pero no me digan maestro, que no soy Cristobobo, el loquito ese rabioso que se creía Hijo de Dios. ¡Como si Dios existiera o como si en caso de existir se hubiera ayuntado a una hembra para preñarla! Dios no existe. Pregúntenle a Vélez, que es como la madre Teresa, ateo. ¿Sí sabían que al final esa vieja mala perdió la fe? Por lo menos se curó de esa roña in articulo mortis.

En 1704, en su *Óptica*, Newton escribió: «Light is propagated from luminous Bodies in time and spends about seven or eight minutes of an hour in passing from the Sun to the Earth. This was observed first by Romer, and then by others, by means of the Eclipses of the Satellites of Jupiter». Que la luz del Sol nos llega en siete u ocho minutos. Newton era un genio. Lo admiro. Muy especuladorcito, eso sí, pero unitario como yo y no trinitario como el papa. ¡Ah travesti triteísta este payaso que se siente Dios único en la tierra! ¡Ay, tan elegante la mariquita de bata larga blanca con tiara y báculo! El plomero pontifica, el electricista pontifica, el médico pontifica, el político pontifica, el papa pontifica, la humanidad va soltando a la ligera verdades que jamás ha comprobado o que no se pueden comprobar.

—Su clase, profe, va más allá de la imposturología física. Con el aditamento de políticos, plomeros, electricistas, etcétera, asciende hasta la estratosfera y se convierte en imposturología a secas. Pura, total, absoluta, plasmada en burbujas celestiales.

—No tanto, joven, no tanto: simple aserrín que soltó la madera con que hice la mesa y que en estos momentos estoy barriendo, basurita. Sosténganme el recogedor de basura que entre el aserrín va un papa.

—¿Y la ley de la propagación esférica que a partir de un punto irradia en todas las direcciones del espacio según el cuadrado inverso? La dejó pendiente, profesor, amplíela.

—¿La ley de la propagación esférica que a partir de un punto irradia en todas las direcciones del espacio según el cuadrado inverso? Ahí quedó dicho todo. A veces con enunciar uno bien las cosas deja uno bien resueltas las cosas.

Un milenio llevan enzarzados los payasos de la física en la discusión de si la luz es una onda o un chorro de partículas. Empezando el siglo XI Alhazen sostuvo en su tratado de óptica, con el que inauguró el género, que un rayo de luz estaba formado por partículas. En 1630 Descartes, en el suyo, dijo que eran perturbaciones ondulatorias de un medio invisible, el *plenum*. En 1690 Huygens, en su correspondiente tratado, volvió con el mismo cuento de que la luz era una onda, si bien no aclaró de qué, en qué medio se movía. Empezando el siglo XVIII su contemporáneo Newton, en su correspondiente tratado, volvió a la tesis de las partículas y dijo que la luz eran corpúsculos que viajaban en línea recta. Empezando el siglo XIX Young y Fresnel, en sus correspondientes tratados, volvieron a decir que era una onda. En 1873 Maxwell, en su correspondiente tratado, dijo que era una onda electromagnética que viajaba en otro medio invisible, el *luminífero éter*. Hasta que ya en el siglo XX, el mío, vino Einstein y sin necesidad de tratado zanjó la cuestión y dijo, palabras textuales: «It seems as though we must use sometimes the one theory and sometimes the other, while at times we may use either. We are faced with a new kind of difficulty. We have two contradictory pictures of reality; separately neither of them fully explains the phenomena of light, but together they do» (Parece como si a veces debiéramos usar una teoría y a veces otra, mientras que a veces no debiéramos usar ninguna. Estamos enfrentados a una nueva clase de dificultad. Tenemos dos descripciones contradictorias de la realidad; por separado ninguna de ellas explica completamente el fenómeno de la luz, pero juntas sí). ¡Por fin! ¡Bendito sea Dios! ¡Cagó la vaca! «A quién quieres más, niñito: ¿a tu papá, o a tu mamá?». «A mi papá y a mi mamá». «Presidente Echeverría: ¿usted es de izquierda, o de derecha?». «Ni de derecha ni de izquierda sino todo lo contrario».

Después de decidir que la luz era una onda porque cada vez que la hacía pasar por dos rendijas le formaba en una pared «interferencias» como las del agua de un lago cuando uno le tira una piedra, el mencionado Young perfeccionó su teoría de la mencionada onda haciéndola constar de un componente grande longitudinal y uno pequeño transversal. Que no, dijo Fresnel: la luz es ciento por ciento transversal, sin ninguna vibración longitudinal. Vinieron entonces Maxwell y los maxwellianos y nos resultaron con que la luz era electricidad y magnetismo ayuntados en una onda electromagnética horizontal-vertical, que vibrando para arriba y para abajo, para atrás y para adelante, viajaba a 300 mil kilómetros por segundo montada en el luminífero éter.

—Profesor: ¿viajaba la onda electromagnética de Maxwell hacia atrás o hacia adelante?

—Pues hacia adelante. El que viaja siempre viaja hacia adelante. Con la excepción, claro, de los Vélez, que viajaron en el sentido de la gravedad, rumbo al infierno.

—Con todo respeto, profesor. Vibrando hacia atrás y hacia adelante nada puede viajar ni hacia atrás ni hacia adelante.

—Ahí está el detalle. A mí no me atribuyan muertos que no maté. Con los diez que llevo son suficientes, no me los suban a once. Sigo.

Como se sabía que la luz viajaba en el vacío, en el agua y en el aire, los maxwellianos resolvieron que el vacío, el agua y el aire estaban repletos de éter. La luz que viaja en el agua viaja en el éter del agua. La luz que viaja en la atmósfera viaja en el éter de la atmósfera. Y la luz que viaja en el vacío viaja en el éter del vacío pues, aunque les parezca extraño, el vacío en realidad no está vacío: está lleno, pleno, *plenum*, pletórico de éter y de la bondad de Dios y la sabiduría del Espíritu Santo.

—¿Y el *luminífero éter* maxwelliano tenía que ver con el *plenum* cartesiano?

—Sí en cuanto que ambos eran soluciones ad hoc. No en cuanto que el *plenum* eran vórtices que giraban, mientras que el *luminífero éter* eran vibraciones que vibraban.

No es lo mismo vibrar que girar, ni girar que vibrar. Vibra un pendulito (por ejemplo un electrón) o un dedo que dice «¡No! ¡No! ¡No!». Gira en cambio el agua de un inodoro cuando el bípedo sabio le suelta la cadena. El pendulito es maxwelliano, el inodoro cartesiano. El pendulito queda, el inodoro se va.

—¿Y Hooke?

—Él era más bien ondulatorio. Un pobre jorobado en cuya corcova se montaban los gigantes para ver más lejos. Después de robarle la ley del cuadrado inverso, Newton se le montó en la protuberancia y divisó, con toda calma y en toda su amplitud, el panorama: vio desde aquí hasta la Luna.

A partir de 1810, como episodios de una peste que da un respiro y vuelve, se sucedieron los experimentos para determinar la influencia de la traslación de la Tierra en la luz. Empezaron con uno de Arago en ese año; siguieron con otros de Fresnel, Fizeau, Hoeck, Klinkerfues, Airy, Ketteler, Mascart y alguno más que en este instante se me borra; y culminaron en 1887 con el famoso experimento fracasado de Albert Michelson y Edward Morley, quienes buscando probar por medio de un inteferómetro el efecto del «viento del éter» sobre la luz, acabaron probando que el éter no existía, con viento o sin él. Les fue de maravilla. Por su antidescubrimiento a Michelson le dieron el premio Nobel de física y a Morley un cráter en la Luna. Donde hubieran probado la existencia del éter, ¡qué no les habrían dado! A Michelson, mínimo cinco premios Nobel. Y a Morley, la Luna entera: Selene de Morley o La Morleyana, situada a 300 mil kilómetros de Medellín de Botero. Como quien dice a un segundo luz. Más cerca no canta un gallo.

El interferómetro de Michelson consistía en un espejo escindidor de haces de luz (*beam splitter*), que por estar plateado a medias dejaba pasar directamente a un espejo normal la mitad de la luz que le llegaba de una fuente luminosa (en dirección longitudinal →), en tanto reflejaba la otra mitad hacia otro espejo normal colocado a 90 grados del anterior (en dirección transversal ↑). Los dos espejos a su vez reflejaban sus correspondientes haces de la luz recibida de vuelta al espejo escindidor, a un punto de este distinto de los puntos por donde habían pasado inicialmente. Para terminar, el espejo escindidor dejaba pasar de nuevo los dos haces de luz, pero ahora recombinados, hacia un detector donde se formaban distintas franjas de interferencia. ¿Qué pretendían apresar Michelson y Morley con los espejos y las franjas de interferencia del detector? Ni más ni menos que el lumínifero éter por el que pasaba, según ellos, instante por instante la Tierra en su órbita de traslación en torno al Sol. En esta órbita anual la Tierra va a una velocidad de 30 kilómetros por segundo. Como la luz viaja a 300 mil kilómetros por segundo (palabra de Dios) esto quiere decir que la luz va diez mil veces más rápido que la Tierra. Si los 30 kilómetros se le sumaban a los 300 mil y se daban interferencias en el detector, entonces, según ellos, había éter. Si no, no. Pues no, no se sumaron, no hubo interferencias, no hubo éter.

El artículo de Michelson y Morley que da cuenta de su resultado inesperado se titula «On the Relative Motion of the Earth and the Luminiferous Ether» y apareció en el *American Journal of Science* en el número de noviembre de 1887. Lo cito porque este experimento compite con el de Cavendish por el primer puesto como el más famoso y más estúpido de la física.

La luz no está constituida de partículas: mueve partículas en el cuerpo a que llega. La luz no puede ser una onda pues las ondas lo son de sí mismas, como las del agua de un lago que se forman cuando uno le tira una piedra. Las interferencias que se forman en los detectores de luz lo son de las partículas materiales de los detectores, no de los marihuanos fotones de Planck.

¿Y el movimiento diario de rotación de la Tierra en torno a su eje, concomitante con su movimiento de traslación anual en torno al Sol, no les enloquecía las franjas de interferencias a Michelson y a Morley? Porque no se puede hablar de traslación sin rotación, las dos son inseparables. No son como mi mano izquierda y la derecha, que con una me rasco un pie y con la otra la cabeza. Desde Newton a nadie le importa un comino la rotación de la Tierra. Defensor de los Deberes del Hombre y de los Derechos de los Animales como soy desde que tuve uso de razón y me entregué desaforadamente al sexo, en este instante mismo me declaro defensor también del imprescriptible Derecho a la Rotación de la Tierra, que se lo merece por ser quien es, mal que les pese a los traslaticios. ¡Y nada de medir, nada de experimentar, nada de comprender, nada de predecir! Asombro reverente ante el misterio.

Fracasados Michelson y Morley en su intento, vinieron los sinvergüenzas de George FitzGerald y Hendrik Lorentz al rescate del luminífero éter con su Ley de la contracción longitudinal de los cuerpos en movimiento. El brazo longitudinal del interferómetro se contraía según ellos porque estaba en la dirección del movimiento de translación de la Tierra, pero el transversal no. Hicieron cálculos, garrapatearon ecuaciones, descontaron la contracción longitudinal y así explicaron las interferencias. A los 300 mil kilómetros de la velocidad de la luz en la dirección longitudinal había que sumarle los 30 kilómetros a que va la Tierra, pero por la contracción del brazo longitudinal del interferómetro había que descontárselos, y así el detector les iba a quedar a Michelson y a Morley más virgen de interferencias que la Santísima Virgen cuando pasó por ella el Espíritu Santo, «como pasa la luz por un cristal sin romperlo ni mancharlo».

Conclusiones. Una, la luz viaja igual en la dirección longitudinal, que contrae los cuerpos, que en la transversal, que no los contrae. Dos, ni los 30 kilómetros a que va la Tierra, ni los 1000 a que vaya en su superficie un tren bala, se le suman a los 300 mil de la luz: siempre serán 300 mil. Y tres, el viento del éter no afecta en su vuelo a las mariposas.

Y así el electromagnetismo, que nunca viajó montado en el inexistente éter, siguió viajando como siempre en las ecuaciones del estafador Maxwell, hasta que vino el estafador Einstein y dijo que no había éter pero sí ecuaciones, y así hasta el sol de hoy. Con éter o sin éter, al electromagnetismo maxwelliano, einsteniano, marihuano no lo baja de sus ecuaciones nadie: sigue como el Cid ganando batallas a caballo después de que mataron al Cid con todo y caballo.

Y que agarra otra vez fuerza la peste medidora de los luminíferos etéreos: Miller, Tomaschek, Kennedy, Illingworth, Joos, Essen, Cedarholm, Mössbauer, Jaseja, Trimmer, Piccard y Stahel, Shamir y Fox... Provistos de interferómetros puestos sobre mesas giratorias o quietas, con brazos más

106

grandes o con brazos más chicos, metidos en fibras de plexi-glas o en pelota como los trajo Dios al mundo... Rayos gamma, relojes de cuarzo, cavidades rotatorias o estacionarias, resonadores, osciladores, lasers, masers, pelos de Maruja, cuernos de Satanás... Lo que quieran. Con decirles que ya tienen su Michelson-Morley Award. Ya lo dijo Vargas: «Empezamos ansiando premios y acabamos convertidos en un premio que lleva nuestro nombre o en el mármol de una estatua». En cambio en la U de A (donde me encuentro ahora dando clase), ni premios, ni estímulos, ni estatuas. Salario mínimo y conténtense con eso. Ni un ábaco para contar, ni un nonio para medir. Con decirles que para medir la impostura por ejemplo, yo que soy imposturólogo, no tengo más patrón que el aquino: la impostura contenida en los 33 volúmenes de la *Suma teológica* de santo Tomás de Aquino. Una medida grande, eso sí. Algo así como un pársec astronómico de paja y mierda. ¡Para qué voy a querer, por Dios, interferómetros con sus arandelas y sus faramallas! Me conformo con lo que me dio Dios al nacer y con lo que me sigue dando la vida. Mujeres no me faltan. No me quejo.

¡Ah, se me olvidaba! Un artículo que publicó Maxwell en 1880 en la revista *Nature*, presten atención al título: «On a Possible Mode of Detecting a Motion of the Solar System through the Luminiferous Ether». ¡Sinvergüenza! ¡Electromagnético! ¡Einsteniano! Eras capaz de estafar al astro rey, al mismo Sol. Para la próxima clase me traen investigados, muchachos, los robos electrostáticos y electromagnéticos de Maxwell en daño y perjuicio, en agravio y abuso, de sus colegas Wilhelm Eduard Weber y Rudolf Kohlrausch. Y sobre todo y en primer lugar y muy especialísimamente, lo que le robó a Gustav Kirchhoff, el que nos hizo ver que la electricidad viaja en un alambre a la velocidad de la luz. ¡Claro! Si la luz viaja en el éter del espacio vacío, ¡no va a viajar en el éter de un alambre lleno de cobre o hierro! La luz y la electricidad son ondas que ondean o radiaciones que irradian. Y acuérdense de que la célula está llena de protoplasma, ¿que es qué? Materia viva. La vida la produce la vida así como la luz la produce el lumínico y el calor el calórico y como de la mesa temblorosa de los espiritistas surge y asciende hacia las esferas superiores el cuerpo astral.

Sigamos con la luz, no nos desviemos. ¿Curvea la luz, o viaja en línea recta? Si no la desvía un cuerpo masivo como el Sol o un agujero negro, en línea recta. Claro que nadie hasta ahora ha visto un rayo de luz, recto o torcido, pero nada nos impide imaginarlo. La imaginación suple a la ciencia. Por eso Newton y sus contemporáneos pudieron hablar de reflexión, refracción y difracción y entender el espejo. Yo, la verdad, no entiendo este adminículo. Y además no le creo. Me veo en él y me da risa: «Bobito, le digo, ese no soy yo, no estás dando cuenta de mí ni en una milésima de una diezmillonésima parte». El cínico calla. Me río y se ríe. No les hagan caso a los espejos, que lo ven a uno y lo imitan como los loros, son remedadores de humanos. Se rasca uno la cabeza, se rascan la cabeza. Les saca uno la lengua, le sacan a uno la lengua. No te mires en los espejos, Vargas, que te ves. Ni menos en un espejo ustorio, que te quemas.

Por lo que a mí respecta, les hablo a las paredes. «Oídme, paredes, que os voy a recitar el comienzo del Evangelio de san Juan en griego»:

Εν αρχη ην ο λογος, και ο λογος ην προς τον θεον, και θεος ην ο λογος. ουτος ην εν αρχη προς τον θεον. παντα δι αυτου εγενετο, και χωρις αυτου εγενετο ουδε εν. ο γεγονεν εν αυτω ζωη ην, και η ζωη ην το φως των ανθρωπων. και το φως εν τη σκοτια φαινει, και η σκοτια αυτο ου κατελαβεν.

En el principio era el Verbo y el Verbo estaba con Dios y Dios era el Verbo. Él estaba en el principio con Dios. Todo fue hecho por Él y sin Él no se habría hecho nada de cuanto ha sido hecho. En Él estaba la vida y la vida era la luz de los hombres. Y la luz brilla en las tinieblas y las tinieblas no la recibieron.

¡Qué feo y qué estúpido! En cambio en latín, no perdiendo lo estúpido, a mí me suena hermoso: «In principio erat Verbum et Verbum erat apud Deum, et Deus erat Verbum», etcétera. Y oigan, muchachos, el principio del Génesis y de toda la Biblia a ver cómo les suena en hebreo: «En el principio, cuando Dios creó los cielos y la tierra, todo era confusión y no había nada en la tierra. Y las tinieblas cubrían los abismos mientras el espíritu de Dios aleteaba sobre la superficie de las aguas. Y dijo Dios: "Hágase la luz", y hubo luz. Y Dios vio que la luz era buena y separó la luz de las tinieblas». ¡Qué hebreo más feo, qué adefesio, parece escritura cuneiforme o traducción contranatura de Vélez! A esta bestia peluda la siento capaz de traducir del español al hebreo. ¿No envenenó pues a su mujer con una manzana arseniada? Esta vez fue Adán el de la manzana y no Eva. ¡Qué original! ¡Y lo que presumía en la U de A de su amistad con Sartre, quien le hablaba de tú a tú! Honor inmenso pues los franceses no tutean ni a sus madres. Parece que lo conoció en Roma en el *Tre Scalini*, un café de la plaza Navona donde íbamos todos los colombianos en busca de sexo, y muy zalamero y muy lacayo corrió a saludarlo: «Buenos días, maestro Sartre», le dijo en español (porque de francés Vélez sabía tanto como yo de chino). Y Sartre, con un desprecio *d'ici jusqu'à Pontoise*, le contestó en español correctísimo: «Buenos días». Y giró y se fue dándole el culo.

El comienzo de la Biblia, hombre Vélez, no resiste análisis. Empieza diciendo que todo era confusión y que no había nada en la tierra, pero para que haya confusión primero tiene que haber diversas cosas, de un tipo u otro, que la sustenten; y para que haya confusión en la tierra primero tiene que haber tierra. Y que las tinieblas cubrían los abismos mientras el espíritu de Dios aleteaba sobre la superficie de las aguas... Ah, entonces sí había muchas cosas y sí podía haber confusión: confusión de tinieblas, confusión de abismos y confusión de aguas. Y debió de haber habido también mucho vacío, porque ¿por qué no? Un vacío inmenso lleno de éter. En el principio también hubo mucha confusión de éter.

Vélez: el autor bíblico, un marihuano babilónico de ascendencia caldea, tergiversó los hechos. Lo que ocurrió fue que primero estaba la nada bañada de luz, y luego vino Dios, la bañó de tinieblas y se cagó en todo. O sea en nada. Donde a este Viejo Horrendo no le hubiera dado por venir a hacer el mal, yo no estaría ahora empantanado en los 300 mil kilómetros por segundo a los que salió la pobre luz huyendo de Él. ¡Cómo no iba a huir de semejante Monstruo la pobrecita si la iba a bañar en tinieblas! Dos cosas, para resumirte, Vélez, lo dicho. Una, Dios sí existe pero es malo. Y dos, a la luz no le gusta el baño.

El reloj va por su lado con su tic-tac, y el tiempo, calladamente, por el suyo, con su silencio. Bufón de agua, de arena, de sol, de péndulo, de cuerda, de cesio, el reloj se cree Cronos, el dios del Tiempo, pero no: es un payaso que se mide a sí mismo en repeticiones periódicas. Es el bufón de sí mismo. Y no existe espacio sin tiempo ni ninguno de los dos sin movimiento. Y la luz no se ve: permite ver. Por ella vemos las cosas. El que diga que ve un rayo de luz miente: está viendo aire polvoso iluminado. Y solo en nuestro cerebro existen el todo y la nada. El vacío, Vélez, en cambio, es real. ¿Si no, cómo podría cruzar Supermán por una pared de hierro? Porque el vacío se hace a un lado para que Supermán pase a través del hierro. Pues quítale a Supermán el Super ¿y en qué queda? En un simple man, como tú, Vélez, y como yo, que a duras penas avanzamos por el aire y por el agua. El espacio y el tiempo no existen pues solo lo que no existe se puede dividir por uno, por dos, por tres, por mil, por un millón, ad infinitum. Ahí tienes, para que se lo digas a tu hijo, el tan cacareado cálculo infinitesimal de Newton y Leibniz, que no sirve para un carajo, así se le haga agua la boca a tu hijo cuando lo mienta. ¡Ay, el cálculo infinitesimal! Más leche dan las tetas de los hombres, pero eso sí, ¡si uno las remoja en leche!

Que cinco manzanas más dos manzanas dan siete. ¿Siete qué? Pues manzanas, como dijimos. ¿Y cinco niños más dos manzanas qué dan? ¿Siete qué? Siete frutas no puede ser porque los cinco niños no son frutas. Siete personas tampoco porque las dos manzanas no son personas. ¿Siete seres tal vez? Sí, tal vez siete seres. ¿Y si de los siete seres dos se comen a los otros cinco cuántos seres quedan? Dos seres. ¿Y si de los siete seres cinco se comen a los dos restantes cuántos quedan? Dos seres. Como ya sabes, Vélez, que ontológicamente es imposible que cinco manzanas se coman a dos niños (aquí y en Marte y en un agujero negro), por lo tanto la suma miente y la resta igual.

Te lo analizo de otro modo para que entiendas porque hoy te veo un poco tardo: $5 + 2 = 7$, cinco más dos igual siete, ¿de acuerdo? Pues no. Ese igual es falso. El signo igual miente. Se ha debido decir: cinco más dos *pueden* dar siete. Faltó el *pueden*. ¿Por qué? Porque 9 menos 2 también pueden dar siete. Y porque 17 menos 10 también pueden dar siete. Y porque un millón siete menos un millón también pueden dar siete. Y porque 2 multiplicado por 20 menos 33 también pueden dar siete. Las dos rayitas paralelas del signo igual mienten, son más falsas que un papa. E igual miente el signo de la suma. Otra cruz, como la de los dos palos estúpidos de los que la mentira colgó hace dos mil años al tal Cristo. ¡Cuál Cristo ni qué coños! Si de palos se trata, a mí que me den los tres de una portería de fútbol para meterles, desde el otro extremo de la cancha, con la pata izquierda, un gol envenenado.

¿Y qué hacen los garrapateadores de ecuaciones con las dos rayitas paralelas? ¡Lindezas! Si así les conviene para sus engaños, lo que está a la izquierda del fraudulento signo igual sumando lo pasan a la derecha restando. O viceversa. Y lo que está a la izquierda multiplicando, lo pasan a la derecha dividiendo. O viceversa. Y así. Ya les conocemos las mañas y las maromitas. Ni que estuvieran ilustrando en cama de agua las 64 posiciones del *Kama sutra* incluyendo la 69. Coméntaselo, Vélez, a tu hijo, a ver.

Y de a poquito en poquito, como elefante sobre hormiguita, nos convierten el cuadrado en pentágono, el pentágono en hexágono, el hexágono en heptágono, y cuando menos pensamos, ¡tas!, el cuadrado inicial nos lo convirtieron en círculo. Ahí tienen el cálculo infinitesimal del pelucastro Newton y el pelucastro Leibniz.

Una línea no puede representar una velocidad ni una fuerza. Una línea es una línea, una velocidad es una velocidad y una fuerza es una fuerza. En el principio fue el hidrógeno, después fue el helio y después los restantes elementos de la Tabla Periódica de Mendeleyev. Sí, ya sé, ya sé, ya sé, pero para mí no es cuestión de saber sino de creer. Y no creo, no tengo fe, perdí la fe, si es que alguna vez la tuve aunque bien sé que nunca. A mí en imposturología me graduaron en Bogotá doctor *honoris causa*. Y en sexo me gradué yo solo en la calle y la lucha diaria *summa cum laude*.

Un pensador guatemalteco (uno de esos Miguel Ángel Asturias que producen allá) se escribió un tratado medio de física titulado *El ruido de las cosas al caer*. No señor, con todo respeto, las cosas no hacen ruido al caer sino cuando acaban de caer y dan contra el suelo. Salvo que fuera un meteorito al entrar en la atmósfera. Entonces sí. Hace: «Pshhhhhhh».

—No se metan, muchachos, con el estado gaseoso mientras no dominen el sólido. Ni con el sonido y el oído mientras no dominen la vista. El relámpago no nos llega en ondas, ¿pues de qué, si no hay éter? ¿Y el trueno en qué nos llega? ¿Cabalgando en el aire? Quién sabe... No me acaban de convencer tampoco las ondas sonoras. ¡Pobre Vélez! No estar aquí ahora con nosotros. Me hace falta. ¡Pero esto es así, qué remedio! Está más muerto que el gato de Schrödinger.

Cuando medimos el espacio y el tiempo, que son mentales, lo hacemos con números, que también lo son, y así decimos: «Recorrí 3 metros en 2 segundos». Y cuando nos tocamos o nos vemos, nos decimos «Yo», y nos volvemos también mentales. El signo igual, las dos rayitas de Recorde, sirve para las operaciones primarias de sumar, restar, multiplicar y dividir, que son secundarias; y para la operación esencial del hombre: la mentira. El hombre miente con palabras y con ecuaciones. Conformémonos con formular bien las preguntas, aun sabiendo que se van a quedar sin respuestas.

—No ha refutado, profesor, las observaciones de Roemer de que la luz viaja, se le está olvidando.

—Que me refute Roemer mis observaciones de que la luz es inmaterial y que lo inmaterial no viaja. Una de dos: o lo inmaterial está todo el tiempo ahí, como pasa con la gravedad, o salta, como pasa con la luz. Y cuando hablemos de la luz, no confundamos el avispero con el que lo alborota. La materia es el avispero, la luz la alborotadora. ¡Cuál misterio de la luz! Lo material produce lo inmaterial, ahí tienen resuelto el problemita.

Este instante, 4 y 15 de la tarde del 25 de agosto de 2016 año del Señor, como cualquier otro de cualquier otro día de cualquier otro año del Señor parte la eternidad en dos: la del infinito pasado y la del infinito futuro. Entre uno y otro hay una recta. Y en la mitad de la línea recta un puntico, el presente, en el que nos balanceamos entre los dos abismos del pasado y del futuro. A mí me jala el pasado, que me quiere arrastrar: «Vos sos de nosotros, no de estos», me dice. No me dejo y sigo porque algo dentro de mí a su vez también me dice: «Seguí avanzando hacia el futuro que al final de la cuerda floja te espera el premio: la Muerte, tu zanahoria».

En este instante, 4 y 15 de la tarde del 24 de octubre de 1946, año del Señor, en la cara redonda de un reloj de cartón que ha recortado con unas tijeras Lía me está enseñando a leer el tiempo. En la esfera le ha escrito los 12 números de las horas y le ha acomodado tres manecillas: el horario, el minutero y el segundero, y las va girando.

—¿Qué hora es, mi amorcito? —me pregunta a ver si estoy entendiendo sus explicaciones.

—Las 3 —le contesto enfurruñado.

¡Cómo no va a haber entendido su amorcito enfurruñado si a las 3 le dan el chocolate con panes de dulce de la tarde! Con comida por delante aprende el perro. Ya antes de haber aprendido su amorcito a leer el tiempo, había aprendido a no caerse en el espacio. Un pasito, otro pasito, otro pasito... ¡Caminó el niño!

—¿Lía era su mamá?

—Es. Vive.

—¿Y está bien ella?

—Bien muerta y en los infiernos por los 24 hijos que tuvo. Al llegar a los 12 hizo una pausa y se dijo: «¿Le doy otra vuelta entera al reloj?». Y se la dio y ajustó los 24. El tiempo, como ven, también se puede medir en hijos. Para mí que esa multípara está allá abajo a diez mil grados Kelvin, en tierra caliente.

—Pobre...

—¿Pobre quién? ¿Ella que ya descansa, o yo que sigo padeciendo?

—Usted. Se quedó huerfanito.

—Como el yerno de Vélez. Somos dos huerfanitos. Lo que pasa es que este muchacho sexagenario siempre ha sido muy llorón. «¡Ay, me mataron a mi papá!», y se le chorrean las lágrimas. Donde no se lo hubieran matado, ya se habría muerto de viejo.

El hombre nace y muere, y las ecuaciones son legítimas o ilegítimas. Ecuación que defina, como la que le atribuyen a Newton de la gravedad, es ilegítima. Ecuaciones que incluyan términos que hay que definir, como *energía* en la de Einstein, son ilegítimas. Las matemáticas no llegan ni a pseudociencia. Todas, en su conjunto o una por una discriminadamente, son ilegítimas. La teología, la astrología, la alquimia, la frenología, el psicoanálisis y la física son pseudociencias. Y el que les habla es ilegitimador nato. Para eso nació. Y observar es fácil, lo difícil es explicar lo observado. Las observaciones y los experimentos en vez de contestar preguntas plantean más preguntas, y en vez de desvelar misterios los oscurecen más. Desconfíen de las observaciones, muchachos. Estas nos han dicho siempre que la Tierra es plana y que está quieta. Por lo visto no: ni está quieta ni es plana. Ni la quietud ni la planitud existen. ¿Quieto lo que se mueve viajando dentro lo que también se mueve, como por ejemplo el barco de Galileo, o el tren de Einstein, que viajan a su vez montados en el planeta Tierra?

—Los marcos de referencia de Einstein.

—Exacto, joven. ¿Sí ven que lo paranormal existe? Mientras les hablaba me dije: «Uno de estos muchachos va a traer a colación enseguida los marcos de referencia de Einstein», y preciso: yo que termino de hablar y usted que abre la boca. Lo que usted acaba de decir se lo dicté telepáticamente. ¿Saben la que le hacía a Vélez? Cuando sentía que por el curso de la conversación él iba a mencionar a alguien, telepáticamente le hacía olvidar el nombre. Pobre Vélez, lo mantenía al borde del alzhéimer. ¡No saben lo que lo extraño! ¿Habrá sufrido en el fondo del abismo cuando les explotó el carro y se estaban achicharrando entre las llamas? Quiera Dios que no.

La vida es una pesadilla de la materia y la materia un espejismo de la nada. No tengan hijos, muchachos, no se reproduzcan, que tampoco están tan bonitos, ¿eh? Antes del coito reproductivo se me miran bien, con imparcialidad, en el espejo. Acto seguido, controlen el aparatejo. ¿Y si nunca ha existido la nada sino el todo? ¿Si todo es todo y nada es nada? ¿Y si cualquiera de estos dos conceptos perversos incluye al otro? No puede haber más respuesta a la pregunta de por qué existe el Universo que esta: ¿Y por qué no habría de existir?

—¿No se siente bien, profesor?

—Otra vez el vértigo, *La náusea*, que me recuerda al amigo de Vélez, el que conoció en el *Tre Scalini*. Y sí, porque Vélez era medio nauseabundo. «Cuando la física sea capaz de distinguir un protón de otro protón hablamos, Vélez», le dije un día. No alcanzamos. Se lo llevó sin decir «agua va» la Nauseabunda.

¿Y Dios es capaz de distinguir un protón de otro protón? ¿Y de borrarse a Sí Mismo y dejar de existir si le da su Divina Gana? ¡Qué va a ser todopoderoso este asqueroso! Ni inmutable. Cambia, así no sea sino por lo que le llueve de afuera. Cuando pienso en Él le aumento un protón a su carga cósmica. Todo cambia por partida doble: siendo y dejando de ser. Nada está quieto. Y lo que entendemos por espacio no pasa de ser una idea vacía que podemos llenar de dos formas: con materia, que es espejismo del vacío; o directamente con más vacío. ¡Metafísicas a mí! No ha nacido todavía el que le ponga el cascabel al gato.

La designación de una parte de la física como «mecánica cuántica» apareció por primera vez en un par de artículos de Max Born, Pascual Jordan y Werner Heisenberg publicados en 1925 en la *Zeitschrift für Physik*, y que llevaban por título «Zur Quantenmechanik». Entonces el alemán era la lengua de la física y los grandes estafadores alemanes y austríacos se traducían, mal o peor, al inglés, para ensuciar en esta lengua acaparadora con más lodo el pantano. Poco después el inglés se convirtió en la lingua franca de la ciencia desbancando al alemán y al francés. Como a los que escribimos en español no nos han tocado nunca ni los mendrugos del banquete, hoy seguimos tan contentos como antaño esperando a que nos caiga desde lo alto de la palma el coco. Pero eso sí, sobre una piedra para que nos lo parta sin tener que levantarla nosotros. ¡Que trabaje la gravedad, que para eso la elevó Newton al cuadrado! En tanto anclados en el espacio dejamos correr el tiempo, el madurador de cocos, ¿qué hacemos? Rascarnos las pelotas. Si me meto ahora en estas complicaciones de la física y a lidiar con las bolas de Cavendish, atribúyanselo a mi vocación por el martirio. En fin, como sea, Dios dirá. Algo después de Born y Cía un lambeculos de Planck, un tal Johnston, un quídam, cambió *mecánica* por *física*, y así además de «mecánica cuántica» hoy también decimos «física cuántica».

—¿Y qué es lo correcto?

—Prefiero «mecánica cuántica» porque enreda más. Ya sé que mecánica es el vulgar oficio de los que arreglan carros, pero unida a la palabra *cuántica* se vuelve *sapientia* del Espíritu Santo. Hay también una tercera denominación todavía más enredadora: «mecánica de matrices». ¿Se imaginan a un mecánico reparándoles las matrices a sus clientas para echarles a andar el carro? Pregúntenle a Simplicio Vélez por el álgebra de matrices, que él sabe.

Bueno, sigamos. A Heisenberg le dieron el premio Nobel de física de 1932 para él solo «por la creación de la mecánica cuántica, cuya aplicación condujo al descubrimiento de las formas alotrópicas del hidrógeno». Al año siguiente se lo dieron, partido en dos para que lo compartieran, a Schrödinger y a Dirac «por el descubrimiento de nuevas formas productivas de la teoría atómica». A Jordan no le dieron nada. Y Born tuvo que esperar hasta 1954, cuando a los 72 años se lo dieron «por su investigación fundamental en la mecánica cuántica, especialmente en la interpretación estadística de la función de onda». ¡Qué risa me dan estas justificaciones de los que dan el Nobel! Perfectas para lo que premian: no se entienden un carajo. Con que «la teoría atómica». ¡Cuál de todas, si hay montones! Con que «nuevas formas productivas». ¿Y cuáles serían las viejas? ¿Y qué han producido las nuevas desde 1933 hasta hoy? ¿Jitomates mexicanos? ¿Patatas españolas? ¿Guisantes mendelianos? ¿Coordenadas marcianas? Y la maravilla de «especialmente en la interpretación estadística de la función de onda» (especially in the statistical interpretation of the wave function). Yo lo habría dicho mejor: «Por su interpretación de la función de densidad de la probabilidad (the probability density function) en la $\psi^*\psi$ de la ecuación de Schrödinger». Suena hermoso.

Jordan, Heisenberg y Pauli fueron asistentes de Born en Göttingen, donde por 1925 estaba la casa matriz de la estafa cuántica, con sucursal en Copenhague. A Pauli le dieron

118

también su Nobel, en 1945, «por su decisiva contribución de una nueva ley de la naturaleza gracias a su principio de exclusión o principio de Pauli». ¡Leyes las del Congreso, no hay leyes de la naturaleza, esas son marihuanadas, esta entelequia no legisla! Lo que sea. Sigamos. Como Pauli, Heisenberg también tiene su principio, el de incertidumbre; y Bohr el suyo, el de complementariedad. Schrödinger no tiene principio pero sí ecuación. Y también Pauli y Dirac tienen las suyas. Born y Schrödinger tienen premios que llevan sus nombres. Born tiene además un instituto con el suyo. Schrödinger tiene un billete en que aparece con su gato. Pauli, Dirac y Schrödinger tienen cada uno su ecuación. Pero el ganador de los ganadores es Bohr, que tiene instituto, billete, estampilla, y un elemento, el bohrium, más una hija, Aage, que se agenció también su Nobel. ¡Qué más quieren, por Dios! ¿Cráter en la Luna? Schrödinger lo logró, ¡pero en el lado oculto! ¡Y qué importa! Le dieron un cráter grande. En cambio a Pauli, Heisenberg y de Broglie, fuera del Nobel y una que otra medalla si acaso de diez mil dólares, la vida no les dio nada; murieron infructuosos, horros de posteridad y gloria. Vargas: toma nota de lo anterior porque te falta instituto, billete, estampilla, principio, ecuación, elemento y cráter. Pero no vayas a dejar de dormir ahora por tus carencias presa de un insomnio ansioso. Mira: por el billete no te preocupes, que todos se devalúan. Entonces duerme bien para que puedas soñar. Soñar que por fin te hacen justicia y te dan tu elemento: el vargonium. Que le pongan, diles, siquiera 500 electrones. Pero bien repartidos, ¿eh?, en 50 órbitas, de suerte que te quede el elemento más estable y más pesado de la Tabla Periódica de Mendeleyev. Que no te vayan a poner tu vargonium en los actínidos ni en los lantánidos o vas a andar soltando electrones como plumas en el correr de los siglos y los eones. Solidez eterna, Vargas, es lo que cuenta.

Entremos pues de lleno en la mecánica cuántica. Zambullámonos de cabeza que las patas nos siguen tiesas mirando al cielo. En lo cuántico nada es seguro (principio de incertidumbre de Heisenberg); nada se da solo sino en pares (principio de complementariedad de Bohr); nada está en un solo sitio sino en varios (principio de deslocalización o *nonlocality* de misiá Pelotas). ¿Qué dice el principio de incertidumbre de Heisenberg? Dice que la medición perturba lo medido. ¡Claro! Si yo meto un termómetro en agua caliente, esta se enfría en una diezmillonésima de grado Kelvin. ¡Cómo no va a perturbar el aparato medidor lo medido! Moraleja: no midan, muchachos, para que no se les perturbe lo medido. Perturbación física trae perturbación anímica.

—Profesor, ¿el Heisenberg del principio de incertidumbre es el mismo del artículo de Born y Cía. que bautizó a la cuántica?

—El mismo. Los que acabo de mencionar y los que mencione en adelante, todos hacen parte de una sola y la misma mafia, el cartel de los cuánticos.

Y sigo. Niels Bohr, Nobel en 1922 «por sus servicios en la investigación de la estructura de los átomos y de la radiación que emana de ellos». ¡Ay, tan servicial el señor!

Louis de Broglie, Nobel en 1929 «por su descubrimiento de la naturaleza ondulatoria de los electrones». ¡Cómo va a ser ondulatorio un electrón si ni llega a átomo! Ondulatoria el agua de un lago que tiene no sé cuántos quintisestillones de átomos.

Y para terminar con broche de oro, el tamborero Richard Feynman, manzana podrida fuera de temporada, a quien en 1965 se lo dieron «por su trabajo fundamental en la electrodinámica cuántica, con profundas consecuencias para la física de las partículas elementales». ¡Electrodinámica! ¡Y cuántica! El artículo de 1905 del payaso Einstein donde está crípticamente encerrada, para que la descubra quien pueda, su teoría de la relatividad especial, se titulaba «Zur Elektrodynamik bewegter Körper» (Sobre la electrodinámica de los cuerpos en movimiento). ¡Qué tiene que ver el engendro de la electrodinámica con los cuerpos en movimiento! Nada. Ni con los marcos de referencia, que se hicieron sinónimos de la cacareada relatividad. Menos que nada. En fin, en sus *Lectures on Physics* en tres volúmenes, para *undergraduates*, el tamborero Feynman dice que Newton formuló la Ley de la Gravedad y cita la ecuación. ¡Bestia! Newton no formuló ninguna Ley de la Gravedad.

Pero acabo mi perorata con el hombre que le escribió la carta a Roosevelt sintiéndose el inventor de la bomba atómica de la que no tenía ni puta idea, el hermano de los Hermanos Marx, el marihuano de los marihuanos, el émulo hacia el futuro de Kofi Annan y de Ban Ki-moon, par de moscas de la ONU que no faltaron en todas las sopas: Albert Einstein, premio Nobel de física de 1921 «por sus servicios a la física teórica y especialmente por su descubrimiento de la ley del efecto fotoeléctrico». ¡Y denle con los servicios! ¡Y a la física teórica! Ni que hubiera inventado el retrete práctico ahorrador de agua. ¡Y cómo va a ser un efecto una ley! Una ley es una ley y un efecto es un efecto. Pregunta: ¿puede estar una mosca en todas las sopas? ¿No viola alguna ley de la naturaleza? Respuesta: en absoluto. Por el citado principio de *non-locality* de doña Pelotas puede estar sin violar. Todo puede ser. ¿No dijo pues el marihuano que Dios no juega a los dados? Cito y no quito ni cambio ni pongo de una carta suya a Born del 4 de diciembre de 1926: «La mecánica cuántica es ciertamente imponente. Pero una voz interna me dice que todavía no es lo real. La teoría dice mucho, pero no nos acerca al secreto del "Viejo". En todo caso estoy convencido de que Él no está jugando a los dados». ¡Por Dios, cómo va a jugar a los dados Uno que no Existe! El que no existe no puede jugar a los dados, ni padecer de comezón en el antifonario. Después, sin pensarlo mucho, la mosca marihuana se montó en la boyante mecánica cuántica, como ya se había montado antes en Maxwell, en Lorentz, en Minkowski, en Max Planck y en cuanto estafador parió la segunda mitad del siglo XIX. Vale decir, la primera horneada de la caterva estafadora de la Era de la Gran Estafa que el marihuano-marco de referencia parte en dos. No, definitivamente la impostura no se puede medir en aquinos, midámosla en einsteins. Un aquino no pasa de un nanoeinstein, una arenita en la inmensidad del mar, de la mar, del mar ambiguo que en español puede ser masculino y femenino, partícula y onda a la vez, hombre y mujer.

En 1929 el par de lambeculos de Heisenberg y Pauli pergeñaron la teoría relativista de campo cuántico (relativistic quantum field theory), en la que juntaban el einsteinianismo con la cuántica. ¡Claro, como Einstein los estuvo proponiendo para el premio Nobel! El día menos pensado nos meten, empujándolo bien, un agujero negro en un neutrino. El dueño del neutrino es Pauli, amén del principio de exclusión y de la teoría del spin no relativista. El spin es una especie de veleta subatómica, el ventilador del átomo. El nobelizado principio de exclusión estipula que dos electrones no pueden existir en el mismo estado cuántico. Y el neutrino es una partícula elemental o subatómica con el 1 por ciento de la masa de un protón, y hasta donde entiendo, Vargas, solo hay uno por átomo. Si es así, vas a tener pues 500 electrones con spin, y otros tantos neutrinos desprovistos de spin, si no es que más, digamos unos cuatro millones. Pero el dueño del spin no es Pauli, es Dirac, dueño a su vez del positrón y de la relativista ecuación de onda de la mecánica cuántica que lleva su nombre y que predice la existencia de los electrones positivos o positrones (y de paso la antimateria), a la vez que describe el comportamiento de los fermiones. Dirac se suma así, con su ecuación, al intento de Pauli y Heisenberg de reconciliar la teoría de la relatividad general con una mecánica cuántica especial. Constituyen ellos la gran trilogía de los lambeculos einstenianos cuánticos, los que pretendieron meter un agujero negro en un neutrino y un elefante en una hormiguita.

En cuanto al fermión, bautizado en honor a Fermi (el padre de la bomba atómica que Einstein le quiso robar), no debe inquietarte, Vargas, pues no pasa de ser un nombre genérico de partículas subatómicas y no tiene existencia real como tu vargonium sino expositiva, teórica. Lo tuyo son morrocotas de oro contantes y sonantes, materia tangible, tocante; lo del pobre Fermi, un didacticismo, una simple ayuda para *undergraduates*.

Perdón, Vargas, me equivoqué. El nobelizado Fermi también tiene su elemento: el fermio. Pero es poquita cosa, no te alarme. Solo tiene 100 electrones (el tuyo 500) y se desintegra en 100 días (el tuyo dura eones). Y lo principal: no existe en la naturaleza, en cambio el tuyo sí. El fermio es basura de laboratorio.

En su escudo de armas Bohr puso su principio de complementariedad: *Contraria sunt complementa*: «Los opuestos se complementan». En la tumba de Schrödinger le pusieron su ecuación de la onda mecánica cuántica. Y a Heisenberg, en la suya, su principio de incertidumbre: *Mors certa omnia*: «Lo único seguro es la muerte». ¡Qué va! Jamás he creído en esa pendejada. Lo único seguro es la vida. Otra cosa es que sea una desgracia.

—¿Y por qué no se la quita, profesor?

—Por no darles gusto a los hijueputas que me lo preguntan.

Para poner un poco de claridad en lo que tal vez no pueda tenerla nunca, diré que los misterios fundamentales de la física se reducen a la gravedad, la luz y la materia. Que estén unidos como las tres personas de la Santísima Trinidad se lo dejo a la teología relativista-cuántica, que decida ella. Para mí que sí, aunque no exactamente pues si bien el Padre manda a la Tierra al Hijo, quien a su vez manda al Espíritu Santo, la materia en cambio no manda a la gravedad para que esta mande a la luz sino que las produce a ambas, con igualdad jerárquica a fin de que no se peleen, como buenas hijas de una buena madre, y no como en mi casa donde mientras duró la mía vivimos todos agarrados. La materia mantiene a la gravedad siempre ahí, quieta, en su lugar. A la luz la produce y la rebota, jugando ping pong con ella. ¿Pero no hablé de la materia como de un espejismo del vacío? Qué bueno que me acuerdo porque si la materia es vacío, entonces lo que produce también tiene que ser vacío, y así la realidad, que abarca todos los misterios, o sea todos los vacíos, resulta también vacía. He ahí mi principio de la vacuidad, que mi buen amigo Vélez hará inscribir en la lápida de mi tumba: *Vacuum ubique*: «Por dondequiera está el vacío».

El misterio de la luz, fuera partícula u onda, o ambas a la vez, o ninguna de las dos, continuó con los payasos cuánticos. Cuando entró en escena Bohr había dos modelos del átomo que estaban en boga: el de Thomson y el de Rutherford. Thomson había descubierto la primera partícula subatómica, que después bautizaron como electrón, la cual tenía una carga eléctrica negativa y era 1800 veces más pequeña que el átomo más pequeño, el del hidrógeno. Thomson fue maestro de Rutherford, y este a su vez lo habría de ser de Bohr. En 1904 Thomson propuso su modelo del átomo como una gran masa de carga positiva con los minúsculos electrones negativos inmersos en ella. En 1911 Rutherford propuso el suyo: que el átomo constaba de un pequeño núcleo positivo en medio de un gran vacío, y que en torno al núcleo giraban los electrones negativos de Thomson como giran los planetas alrededor del Sol. En 1913 Bohr retomó el modelo de Rutherford pero proponiendo que los electrones podían saltar de una órbita a otra, emitiendo luz si saltaban a una órbita más pequeña (o sea más cercana al núcleo) o absorbiéndola si saltaban a una mayor (o sea más alejada del núcleo). Evidentemente la luz sale de los átomos de un cuerpo, digamos de los del Sol, o de los de una vela, o de los de un foco de Edison, etc., y llega a los átomos de otro, como los de una pared, o los de una mesa, o los de un cromo de la Santísima Virgen, etc. Pero nadie ha probado que los dos sucesos de salir y llegar ocurran como propuso Bohr, saltando los electrones de una órbita a otra. Además entre el Sol y los planetas no interviene la electricidad, en la que los cuerpos con cargas eléctricas opuestas se rechazan, sino la gravedad, en la que los cuerpos astronómicos no tienen cargas y no se rechazan pero tampoco se atraen: simplemente, como ya expliqué, por la superposición de sus campos gravitatorios los más grandes jalan hacia sí a los más pequeños venciendo su resistencia. Y si los electrones no giran en torno a un núcleo, entonces quedan invalidados los modelos de Rutherford y de Bohr. Que les quiten los premios Nobel post mortem a estos dos farsantes y de paso a Thomson y a Schrödinger, quien en 1926 le agregó al modelo de Bohr la genialidad de que los electrones no eran localizables con exactitud pues giraban como nubecillas imprecisas de probabilidades en torno al núcleo. ¡Pero quién puede localizar algo que es 1800 veces más pequeño que un átomo de hidrógeno y que para colmo gira! El término *probabilidad* pasó a ser entonces sinónimo de *cuántico*, y la ecuación de las ondas de la mecánica cuántica no relativista en que Schrödinger encapsuló su patochada se convirtió en una de las más famosas de la física. Esto es, de la estafa matemática en que con sus notaciones personales, arbitrarias y abstrusas a estos payasos les ha dado por enunciar, como oráculos de Delfos, sus marihuanadas que nadie entiende porque nada explican. He aquí la ecuación de Schrödinger en una de sus múltiples formulaciones, pues como ecuación que se respete tiene muchas como si fuera proteica:

$$i\hbar \frac{\partial \psi}{\partial t} = -\frac{\hbar^2}{2m} \frac{\partial^2 \psi}{\partial x^2} + V(x)\psi(x,t) \equiv \tilde{H}\psi(x,t)$$

Y la de Dirac, en una de las suyas:

$$i\hbar \frac{\partial \psi}{\partial t} = \frac{\hbar c}{i} \left(\alpha_1 \frac{\partial \psi}{\partial x^1} + \alpha_2 \frac{\partial \psi}{\partial x^2} + \alpha_3 \frac{\partial \psi}{\partial x^3} \right) + \alpha_4 mc^2 \psi$$

El 26 de diciembre de 2005 el *New York Times* publicó un artículo titulado «Thoughts on quantum theory by various scientists» (Pensamientos de varios científicos sobre la teoría cuántica). He aquí lo que cita de Schrödinger respecto a la interpretación probabilística de la mecánica cuántica: «I don't like it, and I'm sorry I ever had anything to do with it» (No me gusta y siento haber tenido que ver con eso). ¿Por qué no le devolvió entonces a la Academia Sueca los dólares que se embolsó?

Y he aquí lo que cita de Heisenberg, dicho en 1963: «What we observe is not nature itself, but nature exposed to our method of questioning» (Lo que observamos no es la naturaleza misma sino la naturaleza expuesta a nuestro método de preguntar). No. Lo que ha tenido que decir, con honestidad, es esto: «La naturaleza no está en nuestras mierdosas ecuaciones consagradas por la farsa del premio Nobel».

Y la opinión de Bohr: «Anyone who is not shocked by quantum theory has not understood a single word» (El que no esté impresionado por la teoría cuántica no ha entendido una sola palabra). ¿De qué no ha entendido una sola palabra? ¿De todo? ¿O solo de la mierda cuántica en concreto? ¿Y qué habrá querido decir con *shocked* este estafador danés? ¿En cuál de sus múltiples acepciones habrá usado la palabra? Si fue «impresionado» por la teoría cuántica, mi respuesta es sí quedé impresionado, pero con asco. Si fue «disgustado», mi respuesta también es sí, por lo fea. Si fue «indignado», ¡cómo no voy a estar indignado ante semejante estafa! Y si fue «escandalizado», diré que no pues a mí no me escandalizan la estupidez y la ignorancia humanas. Las he dado siempre por descontadas.

Y el genio Einstein dijo, palabras textuales que el *New York Times* tomó de una carta suya de 1911 a Otto Stern: «On quantum theory, I use up more brain grease than on relativity» (En la teoría cuántica yo consumo más grasa cerebral que en la relatividad). *Grease* significa grasa, sebo o mugre. Traduje «grasa», pero tratándose del cerebro del marihuano ese me equivoqué: debe ser «mugre».

Partiendo de Newton y del pobre Hooke, en cuya joroba se montó ese pelucón altanero para ver más lejos, y remontándonos desde su piojoso tiempo de pelucas a nuestros sidosos días de piernas y brazos y nalgas tatuadas, la historia de la comprensión de la luz se resume a esto: unos la consideran un chorro de partículas; otros, una onda no se sabe de qué; otros, un chorro de partículas y de ondas a la vez. Y yo, el humilde servidor de ustedes cuyo beneplácito y benevolencia solicito, profesor de imposturología de tiempo completo en la U de A (el «profesorcillo» como me designan los Vélez y sus adláteres), ni la considero partícula, ni la considero onda, ni la considero onda y partícula a la vez ni sucesivamente, sino como una emanación sutil del Espíritu Santo. De Cristo, no. Del papá de Cristo, tampoco. Sino de la Tercera Persona, del Paráclito, del Espíritu Santo. ¿Quedó claro?

La cosa va así, dicho en vuelo rápido de zopilote o gallinazo o buitre planeando sobre las pagodas de ladrillo del campus de la U de A: en su obra *Micrographia* de 1665 Hooke comparó la propagación de la luz con la de las ondas del agua y sugirió que las vibraciones de la luz se daban perpendicularmente a la dirección de su propagación. ¡Cómo les parece! Una onda que vibra... En sus *Hypothesis of Light* (*Hipótesis sobre la luz*) de 1675, Newton consideró a la luz como corpúsculos que una fuente emitía en todas las direcciones del espacio. Imaginemos entonces que la luz de una supernova son partículas. Pues la luz de una sola supernova puede llenar buena parte del espacio del Universo y por ahí no podrá volver a cruzar nada, ni un zopilote, así como nadie cruza por entre un bloque de hierro. Y sigo. En su *Treatise on Light* (*Tratado de la luz*), de 1690, Cristiaan Huygens dijo que la luz se emitía en todas las direcciones y que se propagaba como las ondas de un medio que bautizó justamente como «el luminífero éter», del que hemos hablado aquí. En 1803 Thomas Young observó que si hacía pasar la luz del Sol por dos ranuras abiertas en una lámina antes de que se reflejara en cualquier superficie, producía en esta una sucesión de franjas claras y oscuras intercaladas similares a las que resultan del encuentro de las ondas del agua de un lago, las cuales al superponerse se refuerzan o se anulan según sean sus amplitudes. Este experimento se conoce como el de las interferencias de la doble hendidura (the double-slit interference experiment) y es uno de los más famosos de la física, tanto o más que el de las bolas de Cavendish o que el del viento del éter de Michelson y Morley. Andando el siglo XIX otros lo repitieron dividiendo el haz de luz en el espejo de un interferómetro en vez de las ranuras. ¿Pero antes de llegar a cualquier lámina con hendiduras o a cualquier interferómetro con espejo, no pasa la luz del Sol por el filtro de la atmósfera terrestre? Porque la luz del Sol que llega a la superficie de la Tierra no es directa. ¿Y es que existen los haces de luz? ¿Y los rayos? Esa ciencia que también trata de la luz y que llaman óptica a mí no me ha logrado explicar ni el espejo. Me miro hoy en él y me veo bien. Años después me vuelvo a mirar y me veo mal. Y décadas después me veo peor. ¿Quién miente? ¿El espejo, o yo? Él por supuesto. ¡No creo en Dios voy a creer en aparatos ilusorios! Punto y aparte que voy a cambiar de siglo para pasar al mío, el XX, el más ignominioso, el de la tripleta estafadora de Picasso, Stravinsky y Einstein. Uno, el mamarrachento Picasso con dos eses. ¡Ay, tan elegante, con dos eses! ¿Por qué no se puso también dos pes? Dos, el sátiro Stravinsky, un Sileno extraterrestre. Y tres, el más grande estafador de cuantos hubiera podido parir en su puta insania la puta Tierra, el marihuano Einstein. Y benditas sean las dos guerras mundiales que le rebajaron ciento veinte millones de bípedos puercos a esta especie vándala.

—Se está saliendo, profe, de su tema, la imposturología física. La está ampliando mucho.

—Es que hoy no desayuné por la gastritis.

—Va a dejar el terreno minado para los que vengan.

—Dios lo oiga. Aunque sea para dos o tres generaciones. Usted nació con instinto premonitor.

En el siglo XX los experimentadores de la doble hendidura reemplazaron la luz del Sol por la de un laser, para terminar reemplazando la luz por un chorro de electrones. ¿Y qué les dio? Lo mismo. Que los electrones eran a la vez ondas y partículas. ¡Qué va! Lo que pasa es que los estafadores de la física, cuántica o supercuántica, con cuatro dimensiones o con diez, de cuerdas o sin cuerdas, no saben qué es una dimensión, ni qué es una onda, ni qué es un electrón, ni qué es una partícula, ni qué es una cuerda, ni qué es un fotón, ni qué es decencia. Estos sinvergüenzas no tienen palabras para designar lo que no pueden tocar con el dedo. Y cuando tocan algo con el dedo, digamos una onda de agua, la interfieren. Los experimentadores son interferidores. Académicos del Nobel, por favor, no alcahueteen más a estos payasos. Destinen ese dinerito a un albergue de perros callejeros.

—¿Y cuándo nos va a explicar la teoría de las cuerdas? El profesor Vélez la menciona mucho.

—Nunca. Mi denuncia de la estafa no llega sino hasta la cuántica. Ya estoy muy viejo, me tembléquean las piernas. No babeo todavía, pero casi. Hagan de cuenta el papa Wojtyla en el Hospital Gemelli, de millonarios, representando la farsa del santo moribundo. ¡Qué alimaña tan dañina y mentirosa! Le voy a dedicar un opúsculo. Aunque pensándolo mejor me da para un libro.

Y hay más. Cuando los experimentadores pusieron detectores de fotones a la entrada de las dos hendiduras, vieron que cada fotón detectado pasaba por una hendidura como si fuera una partícula y no una onda.

—¿Y qué es un fotón? Aún no lo ha explicado.

—Según Einstein el estafador, un paquete o quántum de luz. Miente. Si un fotón pasa por una hendidura como un electrón, ¿no será el fotón un electrón y el electrón un fotón? ¿No estarán confundiendo estos experimentadores mentales a la madre con la que los parió?

¿Y si el fotón o el electrón pasa por ambas hendiduras a la vez? Nada de que asombrarse, jóvenes. En México, mi otra patria pues como ya saben yo soy bipátrido, la criada de mi amigo Urbini entra por un ascensor y sale por otro. Urbini es un anticuario argentino millonario que ha hecho su fortuna comprando tejas viejas por centavos y vendiéndolas en morrocotas de oro como antigüedades precolombinas; y su criada, Florencia, una buena mujer del pueblo. Los dos ascensores (o elevadores, como los llaman allá) se toman en el lujoso *hall* de su lujoso edificio de la lujosa Colonia Condesa de la Ciudad de los Palacios. El primer elevador, grande y ostentoso, deja a los señores en el interior de sus apartamentos, en unos vestibulitos de los que Urbini usó el suyo para colgar, desafiante, un Goya en la pared (frente al inodoro del baño tiene un Picasso). El segundo elevador, el de la servidumbre, pequeño y sencillo, deja a los criados en sus cocinas. «¿Pero por qué, Florencia, le reprocha Urbini, toma usted el elevador grande si le he dicho mil veces que tome el pequeño?». Y no es que Urbini sea clasista, no, ¡por Dios! Es que tiene pavor de que Florencia lo sorprenda una mañana en una misa cocelebrada en la inmensa cama de su inmenso cuarto con cinco o diez albañiles tal cual los trajo Dios al mundo. Al reproche de su patrón, Florencia le contesta: «Señor Urbini, yo siempre tomo el elevador chiquito abajo pero me saca arriba por el grande». ¡Cómo no voy a creer yo en la cuántica! Si Florencia, que pesa mínimo 50 kilos, entra por un ascensor y sale por otro, ¿por qué un electrón, que pesa la milochocientava parte de un protón, no va a poder entrar saliendo o salir entrando por una rendija? Florencia demuestra en carne propia el principio de la dualidad onda-partícula.

En su artículo sobre el efecto fotoeléctrico de 1905, su *annus mirabilis* o año admirable (*annus* con dos enes, ¿eh?, porque con una sola sería anillo o ano admirable), el marihuano Einstein propuso que para explicarlo había que imaginar el haz de luz como un chorro de partículas que llamó quántums de luz, en honor a Max Planck, el de los quántums como valor mínimo a que puede existir una cantidad física, su maestro y tan estafador como él. Otros estafadores llamaron luego *fotones* a esos quántums de luz. El número de los fotones, según el marihuano, estaría en proporción a la intensidad de la luz; y la energía de cada uno de ellos, en proporción a la frecuencia con que vibran. Pero con llamar a las partículas *fotones* o a los fotones *partículas* uno no explica nada. El desvergonzado Einstein no cabía en los calzones de su impudicia. Se enfundaba en ellos y despedía de su cabeza (de la grasa de su cabeza), en vez de chorros de luz, nubes de marihuana. Y de sus patas sucias, olores mefíticos. Y he ahí cómo enmarihuanó al Comité del Premio Nobel de Física. Los dejó unánimemente mareados. ¡Bobalicones! ¿No sabían que el fotón no obedece al principio de exclusión de Pauli? ¿Y que no se deja meter en ecuaciones? ¿Y que no respeta las leyes de la naturaleza? En cuanto al multimencionado Planck, nunca creyó que pudiera haber quántums de luz, solo de materia. ¡Qué va! Tampoco hay quántums de materia. La materia es continua: un vacío continuo que se enrolla en sí mismo. Y los electrones no saltan de órbita en órbita como pretendió el estafador danés, ¿que se llamaba cómo? ¡Bohr! Me acordé. ¿Y por qué? Por la simple razón de que no son planetas y al no serlo no tienen por qué girar en órbitas. Eso es copernicanismo anacrónico. Resumamos: si decimos que la luz es a la vez onda y partícula, redefinamos entonces las palabras *onda* y *partícula* y hagamos que signifiquen lo mismo. Al final de cuentas, ¿qué son las ondas del agua de un lago sino remolinos constituidos por partículas de H_2O? Quítenle todas sus moléculas de H_2O al lago a ver en qué queda. En botellas de plástico y condones. Pero si el lago está constituido de moléculas de agua, ¿de qué está constituido el luminífero éter? ¿De fotones? ¿Y por qué las moléculas del agua del lago quedan mientras que los fotones de la luz se van? La luz no la agarra nadie porque no

132

existe en el camino, solo existe cuando nace y cuando llega, y cuando nace nace en un átomo y cuando llega llega a otro, ¡y los átomos son vacío!

—¿Entonces en qué quedamos, profesor?

—¿De qué?

—De todo.

—Quedemos en que aquí vamos a llamar *ondas* a las partículas y *partículas* a las ondas. Por cuestiones de lenguaje no nos enredemos, que yo aquí las resuelvo. A mí la Academia Colombiana de la Lengua, la primera de América, me ruega, pero les digo que no. De la de España ni hablar, porque allá lo que hablan es coproespañol. Que con su copropán se lo coman.

—Sepa que el profesor Vélez anda recogiendo firmas para que supriman su clase de imposturología y lo echen a usted de la universidad.

—¡Como si me importara! Favor que me hacen. Me voy a la UNAM de México que figura en el puesto 100 del ranking de las mejores universidades del mundo y monto allá mi cátedra. La U de A es tan pobretona, tan menesterosa, tan misérrima, que no tiene con qué pagar para que la pongan siquiera en el puesto 500. Y le ruego a Dios que Vélez se muera después de mí con tal de que no me contamine con su cadáver la laguna de la Estigia. Se lo pueden decir si quieren. Díganle que yo dije.

Y como siento que no han entendido perfectamente bien lo que expliqué perfectamente claro (y no porque no tengan la suficiente inteligencia sino porque el asunto es complejo y lo complejo no puede hacerse simple como pretenden los divulgadores de la ciencia, los graduados en la Editorial Salvat, los Velecitos de este mundo), repito lo de la *double-slit* y el haz de luz. Si hacemos pasar un haz de luz por dos ranuras...

—Ya entendimos, no se preocupe.

—Qué bueno que entendieron porque el asunto no es entendible.

Además la luz de Young no es la inmaculada luz del Sol sino pasada por el filtro de la atmósfera terrestre que la desvirtúa, la desvirga. Si en la Luna fuera, otro gallo nos cantara, pero no. ¡Experimentando Newton con prismas y Young con ranuras! Bobones.

—¿Y con la luz de una vela?

—Las velas son para iluminar a la Virgen, que no las necesita porque ella está poseída por la luz del Espíritu Santo. Tras la posesión parió un Hijo. ¿Por qué canal? No se sabe. Empezó virgen y acabó virgen. La luz no. Por reflexión, por refracción, por difracción la luz se desvirtúa. Luz que llega ya no es luz. Fue. ¿O se puede llamar virgen a una prostituta?

Por luz entendemos la visible y la invisible. La visible, la que va del rojo al azul pasando por el amarillo, el verde, etcétera. La invisible, la que dejando el azul sube al ultravioleta y a los rayos gamma y rayos equis que coinciden en no ser rayos ni en estar arriba de nada, hasta bajar a las llamadas microondas y a las ondas de radio que coinciden en no ser ondas ni en estar tampoco abajo de nada. ¿Y bien sean visibles o bien sean invisibles, las luces vibran? No vibran porque no tienen materia y lo que no tiene materia no puede vibrar. ¿Y por qué los físicos juntan todas esas luces en el mismo paquete? Porque les dio por decir a estos charlatanes que todas viajan a 300 mil kilómetros por segundo. ¡Qué van a viajar, por Dios! El viaje es el primer engaño de la luz. Siguen los otros. Metan un palo en un recipiente lleno de agua (por ejemplo teñida de azul para que se les resalte bien el fenómeno), y no lo van a ver recto sino torcido. La «refracción» le dicen. El vidrio, el espejo, la transparencia, ahí tienen otros tres engaños de la luz. Y dejemos la luz que puede viajar en el vacío. El sonido, que para existir necesita el aire. No entiendo el ruido de un jet, que se propaga por kilómetros, voy a entender la luz, que se propaga por años luz... ¿Cómo va Vélez en su plebiscito? ¿Recogiendo muchas firmas?

Pobre Colombia con semejantes hijos y en plena bancarrota. Muy armada, sí, ¡pero de un ejército de paridoras! A los profesores de esta pobre U de A no les alcanza el sueldo para comprar libros, ¿saben por qué? Porque primero tienen que atender a lo esencial, a saber: aguardiente, comida, fútbol y putas. ¡Cómo pretenden que lean! Una cátedra de imposturología física le queda muy fundillona a una universidad tan chiquita. Bien pueden irme echando pues, si quieren, que gran favor me hacen. Me reciben en Berkeley, la cuarta universidad del mundo. Dicté allá una conferencia y dejé boquiabiertos a los berkelianos oyéndome perorar sobre la inmaculada relación de la luz, la prístina, con la Santísima Trinidad, la triple.

—Profesor, se nos va a quedar paralizado por una embolia, cálmese. De muchacho usted debió de haber sido muy bonito...

—¡Cómo que sido! Nada de sido. Sin el sido. Nunca he dejado de ser el mismo.

Antes de que me entre la babeadera y el temblequeo de la provecta edad, la del papa Wojtyla, estoy ajustando cuentas. ¡Ah polaco dañino! Dos mil millones le sumó a la población mundial y se murió tan tranquilo, dejando por su prédica contra el condón, el cortafuegos, una legión de huerfanitos sin haberle dado ni siquiera una gota de leche a uno solo. Ahí tienen ahora las oleadas de negros volcándose sobre Europa. Se van a cagar en la civilización cristiana. Acto final del gran simulador, del gran bellaco: en el Hospital Gemelli de Roma, de millonarios, ocupando un piso entero él solo y ante la compungida prensa internacional, la gran puta, haciendo la farsa de la santidad moribunda. Lo enterraron en el pudridero de los papas y siguió haciendo el mal post mortem: envenenó a sus gusanos.

Nadie le ganó en falsedad. Ni siquiera su compinche la madre Teresa de Calcuta que recogió millones limosneando y dándoles aspirinas a sus enfermos de sida. Le hacía al cuento del sufrimiento pero eso sí, murió entre médicos atendida como una millonaria. Ahora esta puta vieja ocupa con el puto viejo un puto piso entero en el puto cielo. Ni rey, ni presidente, ni tirano, ni ensotanado de la religión que sea faltó al entierro del paporro. ¡Cómo no iban a estar ahí! Ahí estaban el lujurioso Clinton y la mosca negra de Kofi Annan, por supuesto, en busca del retrato. Mientras mamó de la ONU montado en el candelero, este ghanés carimanchado no se perdió entierro de puta ni matrimonio de princesa en que lo pudieran fotografiar y admirar. Tan bonito él, ¿no? Bonitos los pitecántropos homínidos. No he visto un africano más feo. Da asco sexual.

Pobre Vélez, no lo culpo, es lo que da la tierra, lo que produce la raza, esta horda vándala de Colombia, futbolera, aguardientera y paridora que se come a los animales para convertirlos en excremento. Una vez por la cuaresma, en Semana Santa, le rezan al Señor Caído, pero no creen en él. Mueren todos en la impenitencia final. Unos acuchillados, otros acuchillando. Que me echen de esta mierda de la U de A que me voy a Berkeley a explicarles a sus *graduates* y a sus *undergraduates* cómo caminamos: paso a paso, cuánticamente, a lo Max Planck. Un paso no se puede dividir en dos. ¿O es que caminamos en un continuum deslizándonos en una patineta sobre el hielo? No. Puesto que el quántum es el valor mínimo a que puede existir una cantidad física, en virtud de su caminado el hombre es cuántico. Y el pingüino.

Y el pato. ¡A ver! ¿Cuánto tendrían que pagar ustedes por una lección de estas en Berkeley? La matrícula bimensual allá cuesta veinte mil dólares. Vayan sacando cuentas. Aquí ni un peso, que acabó valiendo un nanocentavo. Primero desaparecimos el centavo, luego desaparecimos el peso, y ahora estamos desapareciendo el billete de billón. Nos hemos atomizado, cuantizado, nos estamos esfumando. Aprecien lo que tienen, muchachos, y olviden los agravios que el que olvida se ahorra el esfuerzo del perdón. Colombia, país cristiano, país de zánganos, para economizar calorías no trabaja. Como Cristoloco, que jamás trabajó. Ni de ayudante de carpintero, vaya. En treinta y tres años de vida no clavó un clavo. A él se los clavaron. Vivió del cuento como un papa. Vicarios de Cristo en la tierra, estos baculones de mitra y tiara trabajan con las cuerdas vocales.

En 1847 Faraday propuso que la luz era una vibración electromagnética de alta frecuencia y que no necesitaba de ningún éter o medio para propagarse. Me gusta que este hombre decente no hable de partículas ni de ondas. ¿Pero qué vibra? La palabra *electromagnético* incluye la idea de vibración, de suerte que en plata blanca Faraday está hablando de vibraciones que vibran. ¡Claro! Y lo que sube sube y lo que baja baja. ¿Y para dónde vibran las vibraciones de Faraday? ¿Para arriba y para abajo, o para un lado y para el otro? Respuesta: por su calidad de eléctricas, para donde quieran; y por su calidad de magnéticas, también para donde quieran pero al contrario. Me explico: si por lo eléctrico vibran las vibraciones para arriba y para abajo, por lo magnético vibran de un lado para el otro. Y viceversa. ¿Y en qué dirección avanza la luz? Para arriba puede ser. Para abajo también. Para adelante también. Pero para atrás no porque nada avanza para atrás, salvo Colombia y el cangrejo. ¿Y en el espacio interestelar e intergaláctico, cómo sabemos qué queda arriba, qué queda abajo, qué queda adelante y qué queda atrás? ¿Nos iluminará el Espíritu Santo para orientarnos? ¡Por Dios! La luz del Paráclito alumbra menos que la de un cerillo de los fósforos El Faro, orgullo de la industria colombiana. Una chispita de uno de esos fósforos nos quemó la casa. Mejor dicho la de mi papá porque yo nunca he tenido nada y mi mamá fue una zángana entregada a la paridera de hijos. ¡Qué pleonasmo, perdón! ¿Qué más pueden parir estas malditas australopitecinas bajadas con sus machos del árbol a la planicie a comer animales sino hijos? ¿Una teoría? ¿Una ley física? ¿Una ecuación? Que diga Vargas que sabe de todo y de todo opina. Él es un «Bueno, yo creo que, de alguna manera...», un bienpensante opinador. O al revés, un opinador bienpensante. Defiende la monarquía, la democracia y la tauromaquia, y le ha ido bien. Buscando ser presidente llegó a conde. Salió ganando. Vale más un conde español mamando culo de rey que un primer magistrado de país subdesarrollado mamando de un presupuesto escuálido. Bueno, digo yo. Que cada quien haga de su culo un garaje.

He aquí cómo resume De Broglie su tesis universitaria de 1924 de las ondas de materia, por la que cinco años después le dieron el premio Nobel de física:

The fundamental idea was the following: The fact that, following Einstein's introduction of photons in light waves, one knew that light contains particles which are concentrations of energy incorporated into the wave, suggests that all particles, like the electron, must be transported by a wave into which it is incorporated. My essential idea was to extend to all particles the coexistence of waves and particles discovered by Einstein in 1905 in the case of light and photons.

La idea fundamental era la siguiente: El hecho de que, siguiendo la introducción de Einstein de los fotones en las ondas de luz, uno supiera que la luz contiene partículas que son concentraciones de energía incorporadas en la onda, sugiere que todas las partículas, como el electrón, deben ser transportadas por la onda en que están incorporadas. Mi idea esencial fue extender a todas las partículas la coexistencia de ondas y partículas descubierta por Einstein en 1905 en el caso de la luz y los fotones.

¡Partículas que son concentraciones de energía incorporadas en una onda! Aquí tienen, resumida en esta burla, la mecánica de ondas por la que le dieron a de Broglie el premio Nobel de física. La Academia Sueca no tiene perdón del cielo. Apunta mal, cae el chorro fuera de la bacinica y deja el piso encharcado. Cada año insiste. No se disculpa. No le atina a una orinada. Einstein aprobó la tesis de de Broglie, cosa que se entiende pues el patasucias estaba en la cita.

Echando a volar la imaginación me veo en una nave espacial impulsada por la luz rumbo hacia otra galaxia, hacia la supervivencia, hacia el futuro, con una madre (o sea una paridora) dándole en situación ingrávida de mamar a su bebé. ¡Pobre chiquillo! El esfuerzo que tendrá que hacer sin gravedad para succionar la leche de su cántaro. Enternecedor, se me chorrean las lágrimas. He ahí la pervivencia del espíritu humano capaz de producir un *Romeo y Julieta* a partir de lo mínimo, de un palo que entra en un hueco. Y vuelvo a mis explicaciones sobre la salida y la llegada de la luz, que se produce así y asá y acaba aquí y allá. Se produce en un átomo, de lo que sea, del estado sólido, del líquido, del gaseoso, del plasmático; y acaba en otro, de lo que sea, de la roca de un volcán o de una arenilla de playa, o de los conos o de los bastoncillos de la retina de un ojo, la cual a través del nervio óptico manda una señal a las áreas visuales de la corteza del cerebro para que se reparta por ellas y veamos. Y claro que vemos, por supuesto. Vemos sí, pero no entendemos.

Para no dejar hilos sin atar ni cuentas sin saldar vuelvo al paso de pato cuantizado que Einstein tomó de Max Planck y este del embaucador austríaco Ludwig Boltzmann, adorador de la Segunda Ley de la Termodinámica, inventor de la teoría quinética de los gases y de la mecánica estadística, y que se ahorcó porque unos colegas le llevaban la contraria sosteniendo que no había átomos ni moléculas. Le pusieron en la tumba una ecuación diferencial de primer orden, de apariencia simple pero muy difícil de integrar, la de la entropía: $N = \int T \times 0$, donde N es nada, T es todo y $\int$ la integral que integra como Dios manda, y que en palabras dice: «Nada es igual a todo multiplicado por cero».

Ah no, perdón, me equivoqué, ¡qué distraído! ¡Esta ecuación es mía! La que me pusieron en mi tumba arriba de las dos tibias cruzadas en equis que le agregó Vélez. La de Boltzmann dice: $S = k \times \log W$. Donde S vale por entropía y W por *Wahrscheinlichkeit*, que en alemán significa la probabilidad de que un macroestado o conjunto de todos los posibles microestados de un sistema ocurra en los varios «modos» no observables del estado termodinámico observable del sistema, el cual se realiza cuando le asignamos diferentes posiciones y momentums a sus varias moléculas. ¿Quedó claro? O poco claro.

—Poco claro.

—Me llaman entonces a Cantinflas para que lo explique. Lo encuentran en *Ahí está el detalle*. Que se salga de la pantalla ipso facto y se presente sin dilaciones a esta clase porque se le requiere de vida o muerte.

Discípulo de Kirchhoff y de von Helmholtz (los payasos termodinámicos precuánticos), Boltzmann se apoya en sus estafas. Acabó colgándose de una viga porque lo contradecían unos colegas que no creían en el átomo. Tiene su cráter en la Luna, el cráter Boltzmann, aunque no sé si del lado visible o del invisible. A mí que me pongan el mío en el visible, que para invisible la materia oscura, que no se ve, menos aún que la energía oscura. Cosa entendible pues si no vemos la energía común y corriente, la visible, en la vida diaria, ¡vamos a ver la que no es visible en la oscuridad del cosmos!

—¡Qué pena, profesor, que se nos haya ido! Pero qué bueno porque así lo anoto en mi *Libreta de los muertos*.

—¡Cómo! ¿También usted, joven, lleva libreta? ¡Eh ave María, en este país se roban un hueco!

Por supuesto que los átomos existen, ¡cómo no van a existir! Son la última cuantización de la materia. La cual parece continua pero no, es cuántica, se da en paquetes, entendiendo por paquete un átomo. Toco una barra de hierro ¿y qué siento? Siento un continuo. No le crean entonces al tacto. Veo una barra de hierro ¿y qué veo? Veo un continuo. No le crean entonces a la vista. Huelo una barra de hierro ¿y qué huelo? No huelo nada. Créanle entonces al olfato, pero no le crean al hierro.

Duden de la materia, de la energía, de la probabilidad, de la termodinámica, de la entropía, del número de gotas que tienen las cataratas del Niágara y de moléculas que tienen los gases. Crean eso sí en la estampida de los musulmanes que llegan, año tras año, en peregrinación a la Meca. No falla. Alá no los quiere. Como tampoco quiere Yavé a los judíos. Los detesta. Y si no, ¿por qué los dejó gasear por los nazis? Por la misma razón que el Padre Eterno le tumbó las dos torres a la catedral de Manizales y mató al cura, a sus dos acólitos y a veinte beatas madrugadoras, de las que no se bañan, que estaban comulgando. A una la sorprendió el Cordero con la lengua afuera ansiosa de recibirlo. ¡Pobre Cordero! Estas brujas carnívoras lo vuelven excremento en sus oscuras tripas cada vez que comulgan.

Los cuerpos más grandes con que se ha hecho el experimento de la doble hendidura fuera de México han sido moléculas de 810 átomos, que no pesan en total ni un atogramo. ¿Y qué es, por Dios, pregunto yo, un atogramo comparado con un cuerpo masivo de 50 kilos que responde al nombre de «Florencia»? Simplemente en vez de las dos hendiduras los mexicanos usaron dos ascensores cuánticos. Por supuesto que siempre nos quedará la sospecha de que en el experimento mexicano actuaron las variables ocultas que nunca faltan para embrollar los resultados, *the hidden variables*, que poco a poco la humanidad ha ido detectando. ¿Qué era la luz infrarroja antes de Herschel sino una variable oculta? ¿Y la ultravioleta antes de Ritter? ¿Y las ondas de radio antes de Hertz? ¿Y los rayos equis antes de Roentgen? ¿Y los gamma antes de Villard? ¿Y la radioactividad antes de Becquerel? ¿Y la imposturología antes del que les habla? La humanidad se aprovecha de uno y nos va escupiendo como bagazo regurgitado después de habernos chupado la substancia.

¡Cuánto esfuerzo para nada! Les hablo a las paredes y no oyen. Predico como san Juan Bautista en el desierto anunciando a Cristo, y el anunciado no aparece. Mido y no sé qué mido. Experimento y no sé para qué pues los resultados de todo experimento exigen a su vez más experimentos. Y si bien los instrumentos aumentan el alcance de los sentidos, también de paso aumentan la confusión. ¿Qué han hecho el microscopio y el telescopio sino sumirnos en dos inconmensurables e insospechados pantanos? Oímos gracias a la atmósfera terrestre, por las ondas de aire en que se convierten los sonidos. ¿Pero en el espacio interestelar, que no tiene atmósfera, de qué nos sirve el oído? Y sin el filtro de una atmósfera la luz hiere los ojos. No fuimos hechos para la luz pura ni para el conocimiento. Dios nos hizo para la reproducción. «Creced y multiplicaos y llenad la Tierra», manda en el Génesis, no bien empieza este primer texto de esa colección estúpida que llaman la Biblia. Ya la llenamos, Viejo Loco, ¿con qué seguimos? ¿Con el Sistema Solar? ¿Con la Vía Láctea? ¿Con el trillón de galaxias? ¿Convertimos todos los átomos de este Universo y los que haya en *Homo sapiens*?

—Lo de la criada de Urbini a mí se me hace un experimento pensado suyo.

—Van soltando ustedes la lengua sin el filtro de las neuronas, no saben lo que dicen.

¿Qué prohíbe, ontológicamente hablando, que un país entre por un elevador y salga por otro? Piensen, razonen, díganme. La realidad es inentendible e inconmensurable. ¿Sabían acaso sus tatarabuelos de las ondas hertzianas de la radio? Ni idea tienen ustedes del México profundo. México vive en su verdad, en su realidad, en otra, cuántica. El resto del planeta se arrastra en un realismo local, prosaico, paturriento.

Tres principios de la cuántica que rigen para el mundo microscópico, germen del macroscópico: el de complementariedad de Bohr, el de incertidumbre de Heisenberg y el de exclusión de Pauli. Empiezo por el de Bohr, que dice que todas las propiedades del mundo físico existen en pares (energía y duración, posición y momentum, onda y partícula, etc.), pero que las de ningún par se pueden medir simultáneamente, por lo cual si queremos medir por ejemplo una onda, la medimos como onda o la medimos como partícula, pero no como una y otra a la vez. Cosa que se me hace estúpida porque todas las ondas están constituidas por partículas, y por lo tanto para mí el caso de las ondas y las partículas no plantea ningún dilema cuántico ni no cuántico. Pero en fin, démosle una explicación macroscópica al postulado microscópico del payaso. Si tengo ante a mí a una mujer hermosa de las que me fascinan, o bien la veo de frente si está de frente, o bien la veo de espaldas si está de espaldas, pero no la puedo ver de frente y de espaldas a la vez, ¿o me va a decir Vélez que sí y que no entiendo a Bohr?

Otro caso. ¿Podemos determinar simultáneamente la posición y la velocidad de un electrón? Y ahora me saldrá el contradictor Vélez con que la posición y la velocidad no son propiedades contrapuestas... ¡Qué vamos a poderlas determinar, sean o no contrapuestas, si ni siquiera sabemos qué es un electrón! ¿Una partícula subatómica? Eso no me dice nada. Equivale a afirmar que la madre de Vélez es su mamá. Ni simultáneamente ni por separado podemos determinar la posición y la velocidad no digo de un electrón, que no se ve si es que existe, ¡ni siquiera la de una bala, que mata! ¡O qué! ¿Me monto en la bala con un cronómetro y un velocímetro para determinar dónde va según el tiempo transcurrido desde el disparo? *Va fan culo*, como dicen los italianos. Bohr fue un payaso sin gracia. Los de la Real Academia Sueca de Ciencias no pagan con la vida de sus madres.

Dos, el principio de incertidumbre de Heisenberg, que dice que mientras más precisión logremos al determinar la posición de una partícula, menos podremos saber cuál es su momentum, y viceversa, y así para los diferentes pares de propiedades de los diferentes cuerpos que conforman los diferentes cosmos. El que no sepa qué es «momentum» no se preocupe. Determine solamente la posición de la partícula y asunto resuelto, eliminó la cuanticidad de un tajo, como Alejandro el nudo gordiano. ¿Y cómo determinamos la posición de la partícula? Con cronómetro y velocímetro y montados en ella como en una bala.

Y si una bala vale por un electrón y un electrón por una partícula, entonces el principio de complementariedad de Bohr vale por el principio de incertidumbre de Heisenberg. En aquel nada es seguro; y en este no es seguro nada. Y así solo nos queda por considerar el principio de exclusión de Pauli que dice que dos electrones de un átomo no pueden ocupar el mismo estado cuántico. ¡Y qué problema hay, no lo veo! Que se haga uno a un lado y le abra campo al otro. O que se pase para otro átomo. Átomos son los que sobran en el Universo. Y hay universos de sobra, por billones, y algunos con trillones de dimensiones. La mecánica cuántica, acoplándose con la newtoniana, se proyecta en la astrofísica para convertirla en cosmogonía o cosmología, del tipo que sea: bíblico-babilónica, hinduista, maya, amazónica, oceánica, melánica. La melánica (del griego *mélas, mélaina, mélan*, que quiere decir «negro») postula el Big Bang y los agujeros negros. La bíblico-babilónica la comparten el judaísmo, el cristianismo y el mahometismo, las tres sectas o religiones que conforman el monoteísmo carnívoro, las tres empresas criminales que aceptan como sagrado el Génesis, el primero de una colección de textos estúpidos que llaman la Biblia y que empieza con Yavé trabajando seis días seguidos para descansar el séptimo. Los judíos y los mahometanos se cortan la tapa del pipí; los cristianos se lo dejan entero a los gusanos. Eso sí, unos y otros con el aparatito completo o incompleto, tapado o destapado, le dan vuelo hasta donde pueden a la hilacha. Y que no me vaya a salir ahora Vélez con que el termómetro metido en agua caliente de que les hablé es un «efecto del observador» y que no tiene nada que ver con el principio de incertidumbre de Heisenberg. Los cuánticos son más deshonestos que los newtonianos. La humanidad progresa.

Las mediciones, los experimentos y las fórmulas matemáticas han hecho a la realidad aún más impenetrable. Medi-

145

mos y no sabemos qué. Experimentamos y los resultados nos embrollan aún más los enigmas y nos obligan a otros experimentos. ¡Para qué intervenir en la realidad si sin intervención no la comprendemos! Garrapateamos ecuaciones en el tablero y el viento nos las borra. En cuanto a la divulgación científica, no tiene razón de ser. Confunde pretendiendo aclarar. La ciencia es compleja y la simplificación falsea lo complejo. A don Quijote Vélez la colección infantil de ciencia de la Editorial Salvat le sorbió el seso. Murió sintiéndose caballero de la ciencia y no llegó a palafrenero. Se fue de culos por un rodadero rumbo a los infiernos con hijo y yerno.

—No, profe, a él lo mataron: de una puñalada en el corazón, en el parque de Bolívar frente a la catedral, por no dejarse robar el celular. Unos policías bachilleres vieron, pero nada pudieron hacer porque como andan desarmados...

—¿Y el hijo entonces, qué pasó con él?

—Lo peor. En una finca de unos familiares que tiene una laguna hechiza, en el suroeste, se peleó con el novio en medio de una borrachera de fin de semana, salieron caminando en la oscuridad de la noche quién sabe hacia dónde, y vivos no los volvieron a ver. Días después los encontraron: a él colgado de un árbol, y al novio sobreaguado en la laguna todo picoteado por los peces y envuelto en algas.

—Primero Vélez envenenó a su mujer, y ahora esto. Como de tragedia griega.

—Él no la envenenó. Fue ella la que se envenenó para no verlo.

—Da igual. El ponzoñoso Vélez la empujó al veneno. A mí me quería sacar de la universidad y al final andaba recogiendo firmas, armándome un plebiscito. El día, muchachos, en que mi real gana me chispee en el cerebro, me voy por mi propio pie de esta mierda hasta el nunca jamás.

En un libro de 1755 titulado modestamente *Historia general de la naturaleza y teoría de los cielos*, el futuro filósofo de la *Crítica de la razón pura*, el joven Kant que debutaba como astrónomo, sostuvo la tesis de que las nebulosas eran otras Vías Lácteas como la nuestra: conglomerados independientes de estrellas o galaxias, como las llamamos después de Edwin Hubble. Por el telescopio Hooker del Observatorio de Monte Wilson, el más potente del mundo, este señor campechano del estado de Missouri, que escribía con más mala ortografía que Vélez, vio lo que hasta entonces no había visto ojo humano, desnudo o armado de catalejo: estrellas en una nebulosa. En la de Andrómeda para más precisión, por la que hasta entonces nadie daba un centavo: no pasaba la pobrecita de un borroncito de luz. ¡Qué va! Nos resultó otra Vía Láctea, otro Universo, otro Cosmos, otro Mundo, con millones y millones y millones de relucientes estrellas. «Jesucristo nació en un pesebre», dijo el heresiarca Barba Jacob, tras lo cual agregó: «Donde menos se cree salta la liebre».

Ya en 1912 Henrietta Leavitt, una modesta empleada de observatorio sin sueños de premio Nobel, había descubierto y catalogado unas estrellas de las Nubes de Magallanes de brillo cambiante, las cefeidas variables, que sirvieron en adelante para medir las distancias de muchas estrellas lejanas. Entonces se pensaba que las Nubes de Magallanes, como todo el Universo, estaban en la Vía Láctea, pero no, son dos pequeñas galaxias que están por fuera de ella, cosa de la que no se percató la modesta señora. Pues bien, en 1922, con el mencionado catalejo Hooker del mencionado observatorio del monte Wilson el mencionado Hubble vio otras cefeidas variables, pero ahora en la nebulosa de Andrómeda, y entendió lo que se le pasó por alto a doña Enriqueta con las de las Nubes de Magallanes según acabo de decir: que estábamos ante otra Vía Láctea. Nos jodimos, muchachos, aumentamos hasta lo inconcebible el cosmos. ¡Éramos quince y parió la abuela! Gracias al método para medir grandes distancias de doña Enriqueta por medio de esas estrellas de luminosidad cambiante, don Edwin determinó que la nueva galaxia, la exnebulosa Andrómeda, estaba a 900 mil años luz de nosotros, que tenía un diámetro de 100 mil años luz y más estrellas que un general de la República Centroafricana o avispas en un avispero. ¡Estrellas hasta pa tirar p'al zarzo! En los años que siguieron, don Edwin siguió descubriendo galaxias en otras nebulosas exteriores a la Vía Láctea, que se dejaron de llamar nebulosas y se empezaron a llamar galaxias. ¡Claro! Cuando una cosa deja de ser una cosa hay que llamarla como otra cosa. ¿Qué hay más, estrellas en una galaxia, o galaxias en el Universo? De lo que hay más es universos. Universos y universos y universos. Uno dentro de otro dentro de otro dentro de otro o por fuera de los otros. Al papa Francisco le recomiendo que vuelva por los fueros de san Juan Pablito Segundo, a quien él canonizó, que no se arrepienta y vuelva a alborotar como Dios manda el avispero de la paridera porque somos pocos. Apenas siete mil doscientos millones al día de hoy, siendo así que en la sola Vía Láctea hay cien mil millones de estrellas. Como quien dice, nos toca de a 14 estrellas por cabeza. Y aquí no acaba la cosa: hay tantas galaxias en el Universo como estrellas en cada galaxia. Conclusión: tenemos todos los átomos que queramos para convertirlos en *Homo sapiens*. Materia bruta es la que hay aquí de sobra para convertirla en seres pensantes, razonantes, excretantes. Bendito sea Dios.

Tras el descubrimiento de don Edwin el término *nebulosa* pasó a designar las humildes nubecillas interestelares de gases y polvo cósmico, restos de estrellas desaparecidas o bebés de estrellas en formación, nubecillas a las que alguna que otra estrella adulta ilumina con su luz.

—Lo que sostenía justamente el profesor Vélez. Que las estrellas se forman en el espacio intergaláctico.

—¡Por los glúteos de la Virgen y las bolas de Cavendish, qué está diciendo este estúpido! Confunde el espacio interestelar con el intergaláctico y la mierda con la pomada. En el espacio intergaláctico no se puede formar nada porque con la expansión espacial ahí se deshace lo que se esté formando. La expansión se da en el espacio intergaláctico, no en el interestelar, y en este se forman las estrellas.

Y sigamos. Desde Hubble sabemos pues que el Universo es más grande de lo que creíamos, y que nuestra anodina Vía Láctea, que se sentía la totalidad del Universo, no es ni una mínima parte de él y no está en su centro. «El Universo, escribió Pascal, es una esfera cuyo centro está en todas partes y la circunferencia en ninguna. La prueba más evidente de la omnipotencia de Dios» (C'est une sphère dont le centre est partout, la circonférence nulle part. Enfin, c'est le plus grand caractère sensible de la toute puissance de Dieu). ¡Ay, tan religioso este monje laico! Dios no existe, hombre Pascal, y si no existe no puede ser omnipotente. Y si una esfera no tiene centro y circunferencia no es una esfera. ¡Frasecitas a mí! Reconozco, eso sí, que en 1651, tres años antes de que Von Guericke inventara su bomba de vacío y cuando Newton todavía andaba de pantalón corto, te escribiste un *Tratado del vacío*, un *Traité du vide*. No he logrado yo llenar este librito de impostores y galaxias, y viene un simple filósofo, físico y matemático, y nos llena un tratado entero de vacío...

Permítanme retroceder por un momento hasta mi lejana adolescencia cuando estudiaba francés con una rumana sensual que me quitaba el sueño y nos ponía a leer «Les deux infinis» de Pascal mientras le palpitaban las tetas. En ese texto inmarcesible nuestro fílósofo reflexiona sobre los opuestos abismos de lo microscópico y lo cósmico. Y ahí nos dice cosas como estas: que tan imposible se nos hace conocer las partes sin conocer el todo como conocer el todo sin conocer las partes. Que el hombre ocupa un punto intermedio entre el todo y la nada y que por lo limitado de lo que puede pensar o expresar con palabras nunca podrá fijar lo finito entre los dos infinitos que nos encierran y se huyen. Que al no poder comprender los extremos y ver la nada de donde salimos y el infinito que nos traga, el fin y el principio de las cosas nos estarán ineluctablemente ocultos en un secreto impenetrable. Que nos hemos abocado temerariamente a la investigación de la naturaleza como si estuviéramos en proporción a ella, con una presunción desmesurada. Que lo infinitamente grande cabe en lo infinitamente pequeño. Y mirando hacia lo infinitamente pequeño nos describe el ácaro del queso, el ser vivo más pequeño que se podía ver a simple vista hasta el invento del microscopio, para explicarnos que tiene patas, articulaciones, venas con sangre, y humores y vapores en la sangre. De todo lo anterior deduzco que Pascal miró por los dos recientes inventos del microscopio y el telescopio.

¡Y yo que no he podido comprender el vidrio ni el espejo meterme ahora con ese par de adminículos de Satanás que proceden igual pero al contrario! Ambos magnifican las imágenes: el uno mandándonos hacia arriba y el otro mandándonos hacia abajo. ¿Llegaremos a ver un día con el que nos manda hacia arriba a un extraterrestre de un exoplaneta de una estrella de una galaxia ubicada a mil millones de años luz de nosotros haciendo ejercicio en su jardín? Mi fe en el hombre (que es tan bueno) me dice que sí; mi derrotismo pascaliano me dice que no. Pero que no venga ahora este monje laico del monasterio de Port-Royal a llenarme la cabeza con la omnipotencia de Dios, ¡porque le he tomado una tirria a ese Viejo dañino! Odio a sus curas y a sus papas. Y a nuestro primer mandatario, y a los de todo el planeta, les bajaría gustoso con machete, si pudiera, las cabezas al más depurado estilo del Estado Islámico, y de paso a sus ministros y a sus putas madres. Y ya dejen de empuercar las paredes de la universidad, muchachos, con consignas exigiendo derechos, que el hombre no tiene ninguno, solo deberes. La alcahueta Revolución Francesa, maleando aún más a este bípedo puerco con su Declaración de los Derechos del Hombre, le hizo creer que tenía derechos. Derechos solo tienen los animales. Basta ya de comerse a los terneros, a las gallinas, a los pavos, a los cerdos, etcétera, etcétera. ¡Y a comerse a sus madres que los parieron! Bien hervidas, o bien asadas, o bien fritas, eso sí, no me les vaya a dar triquiniasis. Y que las digieran bien en sus tripas y les aprovechen. *Buon appetito*. Somos el más grande capricho de Dios, el Monstruo que en su Aburrimiento Eterno no sabe qué hacer Consigo Mismo. Somos una extravagancia excretada por el Altísimo. Y mientras más lejos vemos más pequeños nos volvemos, y mientras más mundos descubrimos, más solos nos sentimos.

Vuelvo a Hubble. Después de robarle las cefeidas a doña Enriqueta, y de paso las galaxias, le robó a Vesto Slipher, astrónomo del observatorio Lowell en Arizona, el corrimiento hacia el rojo de los espectros de estas; y a Georges Lemaître, un cura belga que creía en Dios, el Big Bang y la expansión del Universo. Hizo bien. Las cosas no son del dueño sino del que las necesita. De mí róbense lo que quieran, la imposturología entera. Y que la declare la Unesco patrimonio de la humanidad. En fin, a doña Enriqueta le dieron cráter en la Luna y asteroide. A Vesto Slipher, cráteres en la Luna y Marte y asteroide. Al cura Lemaître, cráter en la Luna y coordinadas con su nombre. Y a Hubble, estampilla, autopista, escuela, planetario, cráter, asteroide, una constante con su nombre, ¡y un telescopio en órbita! Gracias a este telescopio en órbita hemos ampliado el espacio-tiempo hasta el borde del rompimiento, de un segundo Big Bang, una segunda explosión que a lo mejor ahora sí acaba hasta con el nido de la perra. ¡Huy, qué miedo! Mucho cuidado, señores del Big Bang, con su jueguito de la expansión del espacio-tiempo, que lo van a reventar como un balón de caucho. El espacio-tiempo no da de sí indefinidamente, todo tiene un límite. En una trimillonésima de segundo pasamos de vivos a muertos, y si Dios se descuida, deja de existir. El Pobre tiene que estar dándose cuerda permanentemente a Sí Mismo para seguir tirando de la existencia. A ver si el rompimiento del espacio-tiempo a fuerza de estirarse no se lo lleva a Él también de corbata, como dicen los marcianos en México.

—¿Y a usted qué le han dado hasta ahora, profesor?

—Indulgencias plenarias.

El mismo año de 1912 en que Henrietta Leavitt descubría y catalogaba las cefeidas variables, Vesto Slipher empezó a medir la velocidad de alejamiento de las nebulosas, las futuras galaxias (del orden de cientos de kilómetros por segundo), y advirtió el corrimiento hacia el rojo o *redshift* de sus líneas espectrales. En 1922 Hubble midió la inmensa distancia de las cefeidas variables de la nebulosa Andrómeda, y dedujo que estaba por fuera de la Vía Láctea. Y en 1927 Lemaître creyó que podíamos correlacionar la velocidad de las nebulosas-galaxias y la distancia: que mientras más grande era su distancia de nosotros, más grande era la velocidad con que se alejaban. ¡Qué va, ojalá fuera así de simple la cosa! Ninguna velocidad. Lo que pasaba era que marihuanamente, a lo Einstein, el espacio se estaba expandiendo. A mí cuando fumaba marihuana de muchacho el que se me expandía era el tiempo. ¿Por qué entonces a un genio como ese no se le va a expandir el espacio? ¿O si prefieren el espacio-tiempo? Si la expansión ha existido siempre, entonces mirando hacia el más remoto pasado, proyectando la película al revés, todo lo que hoy se está separando en un principio tuvo que haber estado junto. He ahí la idea esencial del Big Bang.

¿Y qué tiene que ver el *redshift* con todo esto? Como la luz se da en ondas, siendo las azules más cortas que las rojas, el espacio al estirarse estira de paso la luz pasándola de azul (si era azul) a verde, de verde (si era verde) a roja, y así con los restantes colores del espectro. Por lo que a mí se refiere, no creo en el estiramiento de la luz ni del conjunto de lo que llaman el «espectro electromagnético». No creo que por el aumento de la velocidad de un cuerpo cualquiera la luz que este produzca se desplace del extremo azul hacia el rojo. Ni lo contrario, el acortamiento, o sea que se desplace del rojo al azul. Que el *redshift* de la luz, me dirá Vélez el difunto, equivale al efecto Doppler del sonido. Y yo le contesto así a esta carroña: ¿Qué tiene que ver el sonido con la luz? El sonido necesita de un medio para propagarse; la luz no, se propaga en el vacío. Fue un colaborador de Hubble, Milton Humason, quien en 1931 interpretó el *redshift* de la luz de las galaxias como debido a la velocidad de alejamiento de estas, tal y como si se tratara del efecto Doppler del sonido en la atmósfera terrestre. Pero el mismo Hubble puso en duda esta interpretación, así como la expansión del espacio, y en 1936, al final de un largo artículo para el *Astrophysical Journal*, escribió: «If red shifts are not primarily due to velocity shifts (...) The assumption that red shifts measure the rate of expansion of the universe is a long extrapolation from the familiar small-scale Doppler effects» (Si los *redshifts* no se deben a cambios en la velocidad... La suposición de que los *redshifts* miden la velocidad de expansión del Universo es una extrapolación de los muy conocidos efectos Doppler, que se dan a pequeña escala).

Para 1932 la expansión del espacio se había convertido en dogma de fe de los payasos del Big Bang. Y no contentos estos bufones con que el espacio se expandiera, acabando el siglo aceleraron su expansión: que cada vez la expansión va más rápido, al punto de que dentro de poco la veremos apostando carreras con la luz. Como yo nunca he tenido fe en la velocidad de la luz, me empieza a gustar la cosa. Si me dicen que la luz está quieta y que el espacio es el que se mueve, yo encantado. ¡Qué más quisiera yo que poder eliminar, como Parménides, el movimiento! Hay días en que amanezco más parmeniano que heracliano. Heráclito decía que todo se movía. Yo el lunes digo que sí, y el martes digo que no. A tres de los expansionistas (cuyos nombres callo para no volver esto un directorio telefónico) les dieron en el 2011 lo que nunca le tocó a Hubble: el Nobel de física. Por lo menos de tanto estirar el espacio los nuevos bufones expansionistas anunciaron la muerte del Big Bang en el Big Rip, el gran desgarramiento: el espacio va a quedar convertido en flecos y no volveremos a ver más galaxias porque para entonces la luz habrá perdido la carrera. De todos modos, ¿quién ve hoy las galaxias con semejante contaminación luminosa? ¡Cómo vamos a ver galaxias si no vemos estrellas! Ni a Venus siquiera. Ni a la Luna. Selene se me desapareció del marco de mi ventana y ya no le canto. ¡Qué descanso para la vista y para la voz! Mientras menos veamos menos enigmas que resolver. Descansa la vista, descansa la voz y descansa el entendimiento. Dicen que Hubble murió sin creer en la expansión del espacio (como la madre Teresa, que al final renegó de Dios). Para él las galaxias eran las que se movían, no el espacio. Y el *redshift* para él representaba «un principio incomprensible de la naturaleza». ¡Claro! Y no solo el *redshift*: el vidrio y el espejo.

Cuando una estrella normal se apaga por habérsele agotado su material nuclear se va hundiendo sobre sí misma bajo el peso de su gravedad inmensa y se convierte en una enana blanca, del tamaño de la Tierra pero con una masa de un millón trescientas mil veces mayor, como la del Sol, hasta que finalmente explota. Solo las estrellas de neutrones y los agujeros negros las superan en masa. En el momento en que la enana blanca explota se convierte en una supernova, cuya explosión produce una luminosidad de cinco mil millones de veces la del Sol, que se sigue viendo durante meses de un confín al otro del Universo. ¡Qué final más hermoso! Pero estoy hablando de esto por lo de la expansión acelerada, que se me quedó en suspenso. Como en tamaño y masa todas las enanas blancas se parecen, la cantidad de luz que producen nos indica la distancia a que están de la Tierra. Y como el desplazamiento hacia el rojo en los espectros de las estrellas y de las galaxias se relaciona con la velocidad (sin que sepamos por qué), de sus mediciones de las distancias de unas supernovas de tipo Ia los tres expansionistas nobelizados del 2011 deducen el aceleramiento de la expansión del Universo. Que se expanda el Universo porque se alejen todas las galaxias unas de otras, con velocidad constante o acelerada, me parece entendible y hago un acto de fe. Pero que se expanda porque se expande el espacio, y aceleradamente según estos tres señores, se me hace no solo una marihuanada einsteniana simple sino una elevada al cuadrado. Asociar el corrimiento hacia el rojo en los espectros de las estrellas y de las galaxias con el alejamiento de ellas respecto a nosotros es una cosa. Que el espacio se expanda es otra.

Y que la expansión se acelere otra más. A ver si el Espíritu Santo desciende sobre las oscuridades interiores de estos hipotizantes y se las ilumina, y les apaga de paso la ambición del Nobel.

A ver, precisemos la hipótesis. ¿Se da la expansión del espacio en el intragaláctico? ¿O solo en el extragaláctico? ¿Se da en el Sistema Solar? ¿Se da en mi casa? En la mía no, nunca la he visto que se ensanche, y gracias a Dios porque si sin ensanchamiento los hampones del gobierno me cobran un dineral de predial... Las galaxias cercanas a nuestra Vía Láctea, las del Grupo Local nuestro, presentan corrimiento hacia el azul en sus espectros: entonces se están acercando. Y las del resto del cosmos lo presentan hacia el rojo y por lo tanto se están alejando. ¿Las de nuestro Grupo Local se están acercando porque una gravedad central en el grupo las jala, y las restantes se están alejando porque a la distancia a que ya están toda gravedad que hubiera habido antes se disipó? ¿Más gravedad? Corrimiento hacia el azul. ¿Ninguna gravedad? Corrimiento hacia el rojo. La galaxia M64 u Ojo Negro, localizable con telescopio en la constelación Coma Berenices y que se encuentra por fuera de nuestro Grupo Local, desde nuestro punto de observación aquí en la Vía Láctea se ve con corrimiento hacia el rojo, o sea alejándose de nosotros. Troquemos ahora los papeles. ¿Si a Ojo Negro la vemos desde aquí alejándose, desde Ojo Negro nos verán igualmente alejándonos? Sabrá Dios. El Universo le salió tan extravagante a este Viejo Loco, que mientras uno se aleja desde aquí en la Tierra de alguien que está en Ojo Negro, este alguien se puede estar acercando a uno desde allá. Y puesto que nunca nadie logrará ir a mirar desde la galaxia Ojo Negro o desde la que sea a ver si miento, nunca parirá útero de mujer a ningún Vélez que me lo discuta. ¡Qué descanso!

Dos cosas antes de que se me olviden. Una, que Kant le robó la idea de las galaxias a Thomas Wright, quien en su libro *An Original Theory or New Hypothesis of the Universe*, de 1750 o sea cinco años anterior a la kantiana *Historia general de la naturaleza*, postuló conjuntos de estrellas que rotaban unidas por la fuerza de la gravedad. Y dos, que después de veinte años de estar mirando por el telescopio Hubble unos quídams de la Universidad de Nottingham concluyeron que hay más de 2 billones de galaxias en el Universo observable. ¡Qué suerte! Si a cada galaxia le damos unos 100 mil millones de estrellas, ¿de a cuántas estrellas nos toca a cada uno de los 7 mil doscientos millones que hoy poblamos este planeta? ¡De a 28 mil millones por cabeza! En pan seremos pobres pero en estrellas y en galaxias riquísimos. No solo los nobelizados: también el plomero, el electricista, el imposturólogo, el panadero... Todos tenemos verdaderos harenes de galaxias y de estrellas. ¿Para qué queremos entonces asteroides y cráteres en la Luna? ¿O estampillas? Ya ni se usan. *Vanitas vanitatum omnia vanitas*, todo pasa, nada queda. ¿Pero habrá algo más devaluado que la Cruz de Boyacá, la medallita de cobre sucio que da mi patria? Para allá va el Nobel. Pronostico la desintegración de este cadáver putrefacto.

¡Y pensar que esos trillones de estrellas resultaron de la explosión de toda la materia existente concentrada en un espacio menor que el punto de esta i, y que estalló en el Big Bang de Dios! Dios no es más que una explosión de rabia. ¡No estar aquí Pascalito para ponerlo a razonar, en esta era del Big Bang, sobre la omnipotencia de esa Entelequia Estrafalaria! ¿Y la redención de Cristo vale para los trillones o cuatrillones o quintillones de habitantes que pueblan los exoplanetas de esa infinidad de estrellas de esa infinidad de galaxias? Nunca podremos ver a estos lejanos prójimos nuestros, pero les puedo asegurar eso sí una cosa: que quedaron bien redimidos, limpios de pecado original, de polvo y paja. El Padre Eterno hizo bien en mandar a su Hijo aquí abajo, a Judea, a que se lo mataran los judíos. Buen trabajo el de estos circuncidados y de mucho sirvió el sacrificio del muchacho. Por eso va el mundo tan bien. Y mejorando. Cuando iba a exhalar su último suspiro, muerto de sed, colgado de la cruz, dicen que el Hijo dijo, increpando a su Papá: «Señor, Señor, ¿por qué me has abandonado?». No. Ha debido preguntarle al Viejo, con todo respeto: «¿Por qué me mandaste a torear estas fieras? ¿No ves lo que me están haciendo? Me tienen vuelto un Eccehomo, un Nazareno». Nada tengo contra los judíos ni contra sus enemigos los cristianos, salvo una nimiedad, una minucia: que existan.

De un tiempo para acá me la paso encadenando olvidos. ¿Cómo es que se llamaba el vecino de ese amigo mío al que se le murió su mujer que tenía una perrita? Guaguita se llamaba la perrita. Sí, ¿pero él? Él no me importa ahora. Lo que me importa es lo que quiero recordar en este instante, lo que se me quedó en el tintero. ¡Ah, sí! Sobre Kant. Quería recordar los meses que se pasó mi profesor de filosofía explicándonos el comienzo de su *Crítica de la razón pura*, en que el embrollador de Königsberg se empantana por páginas y páginas razonando sobre el espacio y el tiempo, ¿para decirnos qué? Para decirnos, en plata blanca, lo que expresé al comienzo de este cursillo en dos frasecitas: que ambos son humaredas del cerebro, recipientes mentales sin bordes en los que metemos cuanto vibra afuera tratándose del espacio, o cuanto vibra adentro o afuera tratándose del tiempo: los brumosos ecos de una realidad incierta. Tal vez algún día, cuando avancen las neurociencias que hoy están en pañales, lleguemos a saber en qué redes nerviosas (a lo mejor repartidas por toda la corteza del cerebro) están codificados los conceptos del espacio y del tiempo. Y no me meto con el péndulo para no complicar más las cosas. ¡No entiendo el vidrio ni el espejo, que están quietos, voy a entender el péndulo, que solo existe yendo y viniendo! Ni entiendo el estado sólido, ni el líquido, ni el gaseoso, ni el *redshift*. Y pensar que Huygens le consagró todo un tratado al péndulo, su *Horologium oscillatorum*... ¿Cómo le hará la gente para ampliar a tanto lo poquito?

¿Y antes de que Dios estallara en la explosión del Big Bang qué había? Rabia concentrada del Eterno. La metafísica, kantiana o no, heideggeriana o no, tomasina o no, va años luz adelante de la cosmología, pseudociencia pretenciosa de nuestros días que antaño se llamaba cosmogonía. ¡Ay, tan cosmólogos los de ahora! De astrólogos pasaron a astrónomos, de astrónomos a astrofísicos, y ahora andan de cosmólogos ambicionando Nobeles como maestro de escuela colombiano cruces de Boyacá. «Hoy con esta Cruz de Boyacá, la máxima distinción que da Colombia, condecoro para memoria de las generaciones venideras a nuestro gran educador, el eximio imposturólogo de la U de A, de la U de A, de la U de A...»

—¿Cómo es que se llama usted, disculpe? Dígamelo bajito.

—Se lo digo bajito para que no oigan: me llamo yo. Y póngame la medallita con cuidado, no me vaya a pinchar el pecho.

Dios cabe en la cuatrillonésima parte de la punta de un alfiler, en la cual hasta el instante del Big Bang se concentraba a una temperatura de tres mil millones de billones de trillones de cuatrillones de quintillones de grados Kelvin, o Fahrenheit, o centígrados, o lo que gusten pues en cantidades tan monstruosas las determinaciones se pulverizan y dejan de contar. Y así hasta hace 13 mil 800 millones de años, cuando dejándose llevar por su ira consubstancial (¡cómo no vamos a temer a Dios!), en medio de ese calor infernal que Él mismo ya no podía soportar explotó. Así nació el espacio-tiempo, que los antiguos llamaban ingenuamente el Mundo, el Cosmos o el Universo. Desde su insignificante tamaño inicial, en una billonésima de billonésima de segundo, el espacio-tiempo se expandió hasta dimensiones inconmensurables, y el plasma inicial, constituido por los quarks y los gluones de la ira de Dios, se enfrió en dos billones de grados. Unos minutos después, en el proceso que nuestros teólogos-cosmólogos de hoy llaman «la nucleosíntesis del Big Bang», los quarks y los gluones se juntaron en protones y neutrones, que se juntaron en átomos, y estos en nubes de átomos, que 200 millones de años después se habrían de juntar en las primeras estrellas de las primeras galaxias, cuya luz todavía nos sigue llegando a contracorriente de la expansión del espacio, que ya estaba bien encarrilada. Esta continuó durante los siguientes miles de millones de años para después acelerarse, y hoy apuesta carreras con la luz. Si la expansión le gana a la luz, nunca veremos gran parte del Universo pues luz rezagada no ilumina.

Como consecuencia de la explosión del Big Bang y de la expansión del espacio, la materia inicial que se concentraba en la punta de un alfiler se ha ido diluyendo. Después de los 13 mil 800 millones de años hoy está en 5 protones por centímetro cúbico, con una radiación de fondo de microondas cósmicas de unos 160 gigahertz y una longitud de onda en torno a 1 milímetro, que llenan la totalidad del espacio y que detectamos con los radiotelescopios por dondequiera que apuntemos en el cielo (nocturno o diurno), o en los televisores de antes, los de señales transmitidas por antenas, cuando se desintonizaban y veíamos en la pantalla un caos arenoso que hacía un ruido arenoso. Pues ese ruido arenoso de ese caos arenoso de esos televisores en blanco y negro era ni más ni menos que la voz de Dios. Para nuestros teólogos-cosmólogos del Big Bang, el Dios inicial concentrado en la punta del alfiler ha acabado pues en un Dios diluido, borroso, arenoso. Da igual. Así como se diluyó, en un nuevo ataque de Ira Santa se nos puede volver a concentrar. Y aquí tienen la respuesta a la inmensísima pregunta de por qué es caprichoso y arbitrario el mundo físico: porque es el espejo de Dios.

—No ha explicado, profesor, qué son los quarks ni los gluones.

—¿Cuándo me han visto a mí explicando o definiendo? Para mí las explicaciones y las definiciones sobran. El contexto va definiendo y explicando. ¿O acaso ustedes aprendieron este idioma porque sus mamás les iban definiendo y explicando qué es una mesa, qué es un carro, y así cosa por cosa? No. No forcemos el idioma, muchachos, que él se nos da de sí. Dejémoslo que entre, que ahí se queda un tiempo y después sale.

—No entendemos.

—¿Qué no entienden? ¿El principio, el final o todo lo que estoy diciendo?

—El final de su frase, maestro.

—¡Carajo, no me vuelvan a decir «maestro» que me disparan el botón nuclear! Explico el final de mi frase: el idioma entra espontáneamente con el aprendizaje del niño, del joven y del adulto, y espontáneamente sale con el mal de Alzheimer del viejo. ¿Viejo yo? Toco madera.

Por la expansión del espacio, la temperatura de Dios ha bajado a 2.73 grados sobre el cero absoluto, un frío como para congelarle el trasero a un oso polar. Pero como los extremos se tocan y en cualquier trimillonésima de segundo el frío extremo pasa al calor extremo, por segunda vez puede volver a explotar el Viejo. Digo «por segunda vez» como una forma apurada de hablar, porque a lo mejor Él ha estado calentándose y enfriándose, explotando y desexplotando infinitas veces en su Infinitud Infinita.

Dejando de lado este asunto para retomarlo más adelante si alcanza el tiempo, paso por un momentico a la *Suma teológica* de Tomás de Aquino, que llenó con su luz las nacientes universidades de Europa en el siglo XIII, y que en su complejidad conceptuosa (y en su texto original latino, por supuesto) no carece de cierta belleza. Y así como determina el físico de cuánto son las fuerzas o interacciones débil, fuerte y electromagnética del átomo, la teología sistemática determina de cuánto son los radios de acción de un ángel, de un arcángel, de un querubín y de un serafín, enumerados en el orden ascendente de importancia que tienen en la jerarquía angélica, tan sabiamente establecida por el mencionado Aquino en la mencionada obra. Si bien el Génesis y la teoría del Big Bang pasan por alto, con ligereza inexcusable, la creación de estas aladas criaturas, no por ello no están desde el comienzo de los tiempos. Se dividen en dos grandes grupos o categorías: los ángeles buenos, que se caracterizan por su fidelidad a Dios y cuyo estudio se llama angelología; y los ángeles malos, que en un intento fallido de golpe de Estado se rebelaron contra Él, y que estudia la demonología, una rama menor de la teología sistemática. Los ángeles buenos sirven a Dios, los caídos a Lucifer, cabecilla de la intentona golpista.

Los serafines, empleados celestiales del primer nivel, le ayudan a Dios a mantener el orden en el agitado movimiento de los cielos, tienen tres pares de alas, de las que usan un par para protegerse los ojos del intenso resplandor de la luz divina, más fuerte que el de una supernova. Los querubines, por su parte, tienen un par de alas menos y se encargan de guardar el Arca de la Alianza y de establecer la cohesión entre las estrellas, no se le vayan a dispersar al Altísimo. Funcionan pues como fuerzas de gravedad. Antes del cuartelazo Lucifer era un querubín. De hecho Lucifer significa en latín «el que trae la luz» (de *lux, lucis*, luz; y de *fero, fers, ferre, tuli, latum*, traer). En cuanto a los arcángeles, están al servicio directo de Dios, para el que cumplen misiones especiales, y son siete, de los cuales el más sobresaliente es san Miguel, el encargado de los ángeles guardianes, que son tantos como seres humanos: siete mil doscientos millones al día de hoy, de a uno por cabeza. Van resultando a medida que crece la población, tal como el espacio se va expandiendo a medida que avanza el tiempo. ¿Sí ven? Unidos indisolublemente el uno al otro, el tiempo crece a medida que crece el espacio y viceversa, y no hay tiempo sin espacio ni espacio sin tiempo.

—¿Entonces, según usted, san Miguel es simultáneamente santo y arcángel?

—Según yo no, pues no soy nadie. Según la teología sistemática, que son palabras mayores. Y como si fuera poco, este arcángel fue hecho príncipe por nombramiento del Altísimo. ¡Claro, como le derrotó al Maligno, al Revoltoso, a Lucifer, qué menos que eso! Patrono de los médicos además, estos hijos de puta le rezan para que los ilumine y les busque a quién operar, estafar y matar. A mí me han dejado medio cojo. Por eso me ven ustedes llegar en las mañanas claudicando a esta universidad. No veo de un ojo, y del opuesto oído no oigo. Pero juntando simultáneamente lo que me llega al cerebro del uno y del otro, me equilibro. Anoche, aprovechando la luna llena, subí a la azotea de mi edificio, me paré en una pata al borde de la cornisa, y cruzando la otra hice el 4. Me he pasado la vida desafiando abismos.

Y para terminar con la jerarquía angelical, los ángeles, que constituyen el grueso de la Corte Celestial. Muy respetuosos allá arriba del orden jerárquico (y más les vale), aquí abajo ayudan a los hombres a alcanzar la salvación eterna guiándolos por los senderos del bien y protegiéndolos de los peligros del alma y del cuerpo. Según el Artículo Tercero de la Cuestión 53 de la *Suma teológica* que trata de si el movimiento de un ángel es instantáneo o no, *angelus movetur in instanti*: el ángel se mueve en el instante. En tierra firme andan regados por dondequiera: por caminos, bosques, aires, tierra, fuego, etcétera. Si uno no los llama, no vienen. Lo cual no quiere decir que siempre que uno los llame vengan. Se nutren de la energía del amor, así como las mariposas del rocío de las flores.

—Pero respecto a la clasificación anterior y a las propiedades de uno y otro tipo de ángeles, conste, muchachos, que aunque aceptadas por la teología católica no son artículo de fe, y por lo tanto no les va en ello la salvación de sus almas.

—¿Quiénes son más poderosos: los serafines, o los ángeles de a pie?

—¿Es que estoy hablando en chino, o qué? Pues los serafines.

Y para mayor información de ustedes, dice el mencionado Artículo Tercero de la Cuestión 53 de la *Suma teológica* lo siguiente:

Quanto enim virtus motoris fuerit fortior, et mobile minus resistens motori, tanto motus est velocior. Sed virtus Angeli moventis seipsum, improportionabiliter excedit virtutem moventem aliquod corpus. Proportio autem velocitatum est secundum minorationem temporis. Omne autem tempus omni tempori proportionabile est. Si igitur aliquod corpus movetur in tempore, Angelus movetur in instanti.

Cuanto más grande es la fuerza del motor y menor la resistencia del móvil, tanto más veloz es el movimiento. Pero la fuerza con que un ángel se mueve a sí mismo supera sin comparación a las fuerzas que mueven los cuerpos. El tiempo es inversamente proporcional a la velocidad. Y todo tiempo es proporcional a otro tiempo. Así que si un cuerpo se mueve en el tiempo, el ángel se mueve en el instante.

—Como ven, la física newtoniana estaba en germen en la *Suma teológica*. En este solo parrafito encuentran ustedes la proporción directa y la inversa, la velocidad, la fuerza y el movimiento, sus más esenciales conceptos.

Paso a la demonología. En el zoroastrismo hay 3,333 demonios. En el judaísmo, 7,405,926 según censo del Talmud. Y en el cristianismo cada demonio tiene conocimiento específico de una sola asignatura, pero su poder se limita a lo que Dios le permite. Experimentos confiables han determinado que los demonios cristianos no son omnipotentes ni omnipresentes. Asustan, eso sí, a las personas devotas apareciéndoseles desnudos, y a veces las cabalgan y poseen eyaculándoles adentro, a ver si con el impulso del chorro les sacan de sus interiores beatíficos a Dios. Quieren que renunciemos a Él, que abandonemos la fe, que nos entreguemos a la herejía y a la apostasía. «*Vade retro*, *Satana*, bestia maldita, por esta cruz que me cuelga del pecho apártate». Poseen, adivinan, levitan, embrujan, controlan y tienen el don de la xenoglosia o conocimiento de lenguas extranjeras como el Espíritu Santo, aunque las adulteran y atropellan en su propiedad léxica, morfológica y sintáctica como político o locutor de fútbol. Ya no conocen estos demonios el subjuntivo, y ni siquiera el pretérito de indicativo: hablan siempre en presente histórico: «Llego, me empeloto y penetro a la maldita vieja». Atormentan física y psicológicamente a los creyentes, pero solo, como dijimos, dentro de los límites fijados por Dios. Mueven objetos con la mente (psicoquinesis), y al padre Jaramillo le vaciaron un copón de hostias, que tras regarlas en el suelo pisotearon y escupieron, para acabar haciendo sobre ellas sus necesidades. Al protomártir Esteban lo estupraron. Se habla de un demonio levantisco de fuerza sobrenatural, que levantó con el falo una tonelada de hierro. La dejó caer y abrió un boquete de varios metros en la tierra, por el que empezó a salir humo sulfuroso. El demonio Bleberith estupró a una monja de clausura después de haberla exorcizado y rociado con agua bendita. Y este fue el de menos. ¡Calculen lo que habrán hecho los otros! Cosas son las que pudiera contar yo sobre estas bestiezuelas creadas por Dios, pero dejemos aquí el asunto.

—¿Y el Islam tiene demonios?

—¡Claro! Por ejemplo Iblís, un genio creado del fuego sin humo por Alá, quien lo condenó hasta el Juicio Final por considerarse superior a Adán. De él habla en el Corán el pederasta Mahoma, otro demonio. Belial enero, Leviatán febrero, Satanás marzo, Belfegor abril, Lucifer mayo, Bleberith junio, Belcebú julio, Astaroth agosto, Tamuz septiembre, Baal octubre, Asmodeo noviembre y Moloch diciembre... Vayan diciendo conmigo: «Ora pro nobis, Ora pro nobis, Ora pro nobis».

Hoy se entiende por cosmogonía un relato mítico del origen del mundo, y por cosmología un relato científico. Para mí se confunden y me dibujan bajo mi nariz aguileña una sonrisa de benevolencia. Hay cosmogonías egipcias, hindúes, chinas, griegas, romanas, incas, aztecas, mayas, de los que quieran, a cuál más ingenua. Las hubo hasta en Grecia, la cuna de la civilización occidental y de la pederastia. En los siglos III y II antes de nuestra era, y en Alejandría, la cosmogonía griega empezó a dar paso a la verdadera astronomía, la de Aristarco, Eratóstenes e Hiparco, la cual después de dos milenios largos de oscuridades y tanteos y especulaciones habría de desembocar, empezando nuestro siglo XX, en otra cosmogonía, la del Big Bang.

Cosmógonos anónimos fueron los autores del relato bíblico-babilónico de la creación del mundo con que empieza el Génesis. Y cosmógonos anónimos los de los correspondientes relatos de mil pueblos primitivos. Pueblo primitivo tiene su cosmogonía y sus dioses y pasa muchas penalidades. Jamás ningún Dios le ha ayudado a ningún pueblo. Y si no miren a Yavé, el de los judíos, que los dejó gasear por los nazis.

De la cosmogonía judeo-babilónica, la más exitosa antes del Big Bang, sobra hablar porque a los que comparten el Génesis como libro sagrado se la enseñan desde niños: judíos, cristianos y musulmanes, la mitad del género humano. Diré tan solo que este libro mentecato, el primero de una colección de textos apócrifos, inmorales y estúpidos que llaman la Biblia, comienza con dos relatos entrelazados y contradictorios de la creación del mundo, tomados por los judíos de leyendas babilónicas durante su cautiverio en Babilonia en el siglo VI antes de nuestra era. En uno de los dos relatos, valga de ejemplo, el creador del mundo es Elohim, y en el otro Yavé. La traducción al griego de la Biblia hebrea hecha por un grupo de traductores anónimos en Alejandría en los siglos III y II antes de nuestra era, y que se conoce como la Septuaginta, traduce tanto a Elohim como a Yavé por κυριος, el Señor. Traicionando pues desde el comienzo el texto hebreo, la traducción al griego, que con sus errores pasó al latín, la lengua de la Iglesia, se suma así al mayúsculo embrollo de esta estafa milenaria del judeo-cristianismo-islámico. ¿Por qué Elohim, Yavé, el Padre, Alá, o como quieran llamar al Monstruo Creador del Universo que les dicta libros a sus escribas, permite tanta confusión tratándose de su palabra?

Medida por su desplazamiento hacia el rojo la luz de la galaxia GN-z11 se ha tardado en llegarnos 13 mil 400 millones de años, el límite de alcance del telescopio Hubble, el más potente. La estamos viendo pues como era 400 millones de años después del Big Bang. Sin embargo, por la expansión del espacio no está hoy a 13 mil 400 millones de años luz de nosotros (si es que aún está y no se ha desintegrado) sino a 32 mil millones. En marzo de 2016 era la galaxia más distante, y según pretenden la más antigua, de las que se habían estudiado. Se diría que más que mirar en el Espacio, el telescopio Hubble mira en el Tiempo. Como nosotros, vaya, pues cuando vemos a la Luna no la vemos en ese instante sino como era hace un segundo, y el Sol como era hace 8 minutos. Como siguen empeñados en que la luz viaja a 300 mil kilómetros por segundo y no hay quién les saque semejante obnubilación de la cabeza... A mí de todos modos, curado como estoy de espantos, 32 mil millones de lo que sea ya no me asustan: de grados Kelvin por encima o por debajo del cero absoluto, o de años luz, o de fracciones de segundo o de nanómetro, de lo que quieran. Y si me dicen que por el corrimiento hacia el rojo de su espectro Dios está a 150 mil millones de años luz, que así sea.

Pronto pondrán en funcionamiento el telescopio James Webb, más potente que el Hubble, y entonces veremos las primerísimas galaxias, anteriores a la GN-z11, o sea lo más lejano a que podremos llegar pues desde este punto hacia atrás, hacia el Big Bang, el Universo era opaco. Dado el continuo aumento de la potencia de los telescopios pronostico dos cosas: Una, que resolveremos el misterio de «la paradoja de Olbers»: por qué se ve oscuro el cielo nocturno siendo así que hay una infinidad de estrellas. Y dos, que veremos el Big Bang, el estallido de Dios.

La paradoja en cuestión, que se planteó el astrónomo alemán Heinrich Olbers en 1823 pero que ya otros antes que él habían formulado, en realidad no presenta ningún misterio. Dejando de lado que las nubes del polvo interestelar nos tapen toda luz, ¿por qué no vemos en una región oscura del cielo nocturno ninguna estrella? ¿Porque no la hay y esa región está vacía? No. Siguiendo una línea visual cualquiera en la oscuridad del cielo nocturno siempre encontraremos una estrella, y si el telescopio con que la vemos tiene la suficiente potencia, la luz de esta estrella llenará la totalidad de su visor con un resplandor como el del Sol, y aun mayor, hasta cegarnos los ojos. A simple vista vemos en el cielo nocturno, resaltándose sobre un gran fondo de oscuridad, unas 2 mil estrellas y no más, o porque son muy débiles, o porque no siéndolo están muy lejos, o porque la vista humana no está hecha para competir con los telescopios. Si dirigimos la vista sin la ayuda de un telescopio hacia una región oscura, no veremos ninguna estrella. Pero si miramos hacia la misma región por un telescopio de gran potencia veremos muchas y muy intensas. Con el Telescopio Non Plus Ultra, el telescopio de los telescopios que estamos fabricando en la U de A y con el que esperamos llegar hasta el tope del Tiempo, alias Universo, veremos por él la luz de una vela que acaba de encender un extraterrestre en un exoplaneta. ¡Pero qué digo la sola luz de la vela! También la vela iluminándose a sí misma y al extraterrestre. Cuando yo miro por un telescopio, ¡lo que quiero ver es gente! Tengo una curiosidad cósmica. ¿Qué moverá a los hombrecitos verdes? ¿El amor a Dios? El cielo nocturno se verá oscuro en las noches nuestras, pero no hay tal. Avanzando más hacia el fondo siempre encontraremos una estrella que brilla. La oscuridad es un camino hacia la luz.

La Vía Láctea está separada de la galaxia de Andrómeda, la más cercana, por 2 millones de años luz. Por lo tanto entre ellas hay un vacío de este tamaño, el intergaláctico, al que le debemos sumar los vacíos intragalácticos que haya entre las estrellas de ambas. Pero mirando a través de esos vacíos con telescopios cada vez más potentes habremos de tropezar siempre con más estrellas de otras galaxias.

El cuerpo celeste más lejano que podemos ver a simple vista es la galaxia Andrómeda, que está a 2 millones de años luz de nosotros. Pero la galaxia GN-z11, vista por el telescopio Hubble, está a 32 mil millones. ¿Es posible que gracias a unos simples lentes y unos espejos hayamos podido retroceder tan lejos, viajando hacia atrás en el espacio medido por el tiempo? Incrédulo como soy desde que tuve uso de razón y escupí mis primeras hostias, yo digo que no: que nos engaña la vista, que nos engañan los lentes y los espejos, que nos engaña nuestro turbio cerebro y que nos engaña la Realidad Entera, más conocida por el alias de Dios. Dicen los devotos del Big Bang que entre los 10 segundos posteriores a este y los siguientes 380 mil años se extiende un período de opacidad total del Universo. ¿Pero antes de este período se podrá algún día ver algo? ¿Ver, con telescopios más potentes, el Universo como era entre el Big Bang y esos 10 segundos que le siguieron? ¿Y más aún, el mismísimo Big Bang, la madre de todas las explosiones, el estallido de la Iracundia Concentrada de Dios?

La mayor explosión de que hemos llegado a tener noticia explorando el cosmos, la más luminosa, es la de la supernova ASASSN-15lh, detectada en junio de 2015 y en cuyo momento pico brilló 50 veces más que la Vía Láctea entera. Les diré que vista desde este mirador nuestro de la Tierra a mí tal brillo se me hace desilusionante pues al fin de cuentas la Vía Láctea no pasa de verse desde otra galaxia como un borrón de luz lechosa. Dicen que Copérnico nunca vio a Marte. Tampoco yo he logrado ver nunca la Vía Láctea. En el momento en que escribo, un anuncio de Coca Cola me la tapa. Tendría que tomar un avión hasta el desierto de Atacama, el que Chile le robó a Bolivia en la guerra del Pacífico tapándole la salida al mar. No creo que valga la pena ir tan lejos. Hay fotos de la galaxia donde se encuentra la ASASSN-151h tomadas antes de su explosión por la Dark Energy Camera, y de la supernova misma tomadas por el Telescopio Global del Observatorio de las Cumbres, pero su distancia, o sea la de su galaxia, todavía no se conoce. Las supernovas brillan primero con luminosidad creciente, luego decreciente, y al cabo de un año más o menos se apagan para siempre dejando los lastimosos restos de su cadáver, como los de la SN 1604 que estudió Kepler y que llegó a su máximo brillo el 17 de octubre de 1604, o sea cuando ya andaba haciendo de las suyas por La Mancha don Quijote, y detrás de él Cervantes anotándolas. A lo mejor esa noche de esplendor estelífero estaba nuestro caballero velando las armas. Antes de la supernova de Kepler, Tycho Brahe había visto otra en 1572, y otros otras en 1054, en 1006 y en el 185, todas a simple vista, y todas pertenecientes a la Vía Láctea. Hoy en día los astrónomos aficionados ven cada año centenares. ¡Hasta las supernovas se devalúan! ¡Con tal de que no se me devalúe la del Big Bang, la del Génesis, la de Dios! El cadáver de la supernova de Kepler lo pueden detectar con rayos infrarrojos, con rayos X, o con luz visible. ¿Y es posible que en 100 mil millones de estrellas que tiene la Vía Láctea solo se hayan visto cinco supernovas en milenio y medio? ¿Acaso porque todavía no había telescopios? ¡Nada de eso! Es que las estrellas viven mucho, todas son matusalénicas. Y supernova que no se vea a simple vista, perteneciente a esta galaxia o a la que sea, no es supernova, es una farsante. ¿Qué gracia tiene entonces ver la superexplosión de Dios en el Big Bang con un supertelescopio? Si Dios explotó hace 13 mil 800 millones de años, que me deje ver hoy su explosión a simple vista, o le retiro de una vez por todas la fe que tengo en Él. Ni siquiera lo voy a querer masticar en hostias. En fin, entre aficionados y profesionales, en el 2007 los astrónomos vieron 572 supernovas; en el 2008, 261; en el 2009, 390... Y así. Y todas en galaxias distintas a la Vía Láctea y vistas con telescopio.

Retiro lo dicho del brillo de la supernova ASASSN-151h. Cincuenta veces más que el de la Vía Láctea dije. Sí. ¿Pero saben al brillo de cuántos Soles equivalen esas 50 veces? A 570 mil millones de Soles. Estamos pues ante una superseñora entre las estrellas, un superserafín. Entró ya en los records Guinness. ¿Y a cuánta temperatura equivale su brillo? Miren, si 100 mil millones de grados Kelvin (que es a lo que están los núcleos de las estrellas de neutrones) equivalen a 6 mil veces la temperatura del núcleo del Sol, ¿a cuánto equivaldrán en grados Kelvin las de los núcleos de 570 mil millones de Soles? ¡No estar aquí el hijo de Vélez para que nos lo calcule! De veras lo extraño. Y a su papá. Habría brillado como una supernova si me hubiera sacado de la universidad. ¡Plebiscitos a mí! Los plebiscitos están muy desprestigiados. El que los convoca los pierde. ¿Y saben por qué? Porque el pueblo es una puta.

El Big Bang produjo el hidrógeno y el helio, en tanto que los elementos más pesados los sintetizaron las estrellas a partir de estos dos por fusión nuclear, y los regaron las supernovas por el espacio interestelar, de donde los tomaron los planetas. Con todo y lo útil que fue Dios al principio, sin las estrellas, las supernovas y los planetas no estaríamos hoy aquí. Como Él se sentó a descansar... Recémosles entonces también a las estrellas, a las supernovas y a los planetas. Pero si una supernova de tipo Ia, que resulta de una estrella blanca enana como ya dije, estalla cerca a la Tierra, se acabó esta. Si con el choque de un meteorito grande nos podemos extinguir, ¡qué será de nosotros en la cercanía de una enana de esas convertida en supernova de tipo Ia! Vivimos en permanente riesgo cósmico. No estudien, muchachos, que mientras más sabemos más poca cosa nos volvemos. De reyes de la creación, con tanta sabiduría pasamos a granitos de arena. Siéntense entonces a descansar y dejen que el coco caiga sobre una piedra cercana para que con el golpe se parta. Estrellas próximas a nosotros candidatas a supernovas: las supergigantes rojas Antares y Betelgeuze, la hipergigante Rho de Casiopea, y la variable azul Eta Carinae, que está que explota. ¿Alcanzaremos a ver antes con nuestros supertelescopios el lejano Big Bang, la madre de todas las explosiones?

—Profesor, disculpe, el Big Bang no hay que verlo con telescopio. Fue tan grande esa explosión, que se tendría que ver a simple vista y quemarnos los ojos. Si no la vemos, es porque no ocurrió. No hubo ningún Big Bang.

—¡Qué bien razona, muchacho, lo felicito! Y felicíteme también, de paso, a su profesor de imposturología. ¡Buenísimo! Afortunados ustedes. Yo que estudié con los salesianos...

La monstruosa Eta Carinae a simple vista se ve como un punto de luz en el cielo. ¿Y con el telescopio? Vista con el telescopio se ve como un punto de luz en el telescopio. ¡Cómo me desilusionan los telescopios! No sirven para un carajo estos tubos estúpidos. Y el cielo estrellado me produce vértigo pascaliano, náusea estelífera, mareo de borracho. Bendito sea el smog. A falta pues de poder ver con los ojos, nos vemos obligados a ver con la imaginación. Y así tenemos que en el primer segundo después del Big Bang se dieron los siguientes fenómenos, enumerados en presente histórico como si estuvieran pasando frente a nuestros ojos: a los 10^{-35} de segundo se da la inflación del espacio, que del tamaño de un átomo o de menos crece hasta los 100 millones de años luz. ¿Y cómo medimos ese crecimiento? ¿Cuál es el mojón que se mueve para mostrarnos que el terreno de la finca nuestra se aumentó? ¡Sabrá Dios! A los 10^{-33} surgen los quarks y los antiquarks, que se aniquilan mutuamente pero dejando un ligero exceso de quarks que a los 10^{-5} se juntan para formar los protones y los neutrones, que de inmediato se juntan para formar los átomos de hidrógeno y de helio. En los dos siguientes segundos se forman los elementos ligeros de la Tabla de Mendeleyev hasta el boro (los elementos restantes se formarán mucho después en las estrellas). De aquí (entendiendo por «aquí» no el espacio sino el tiempo) siguen 370 mil años de un Universo opaco en que nada se ve, tras de lo cual el Universo opaco se vuelve visible porque entran en escena los fotones, o sea los quántums de luz. Doscientos millones de años después nacen las primeras estrellas, que son las que estamos tratando de ver con el Hubble, porque lo que hay antes de ellas, nubes de polvo, no se puede ver. Nadie logrará ver nunca con un telescopio una partícula de polvo. ¿Quedó claro lo confuso? O le empezamos a poner peros...

—Pero, profesor, entonces según lo que usted está diciendo no podremos ver nunca el Big Bang, ni el primer segundo, ni los primeros 370 mil años.

—No lo digo yo, lo dice la ciencia, los cosmólogos.

—Hubiera empezado por eso, diciendo que no podemos ver nada del principio.

—Hay que calentar primero en la cama a la pollita, y después que siga lo que venga. Si no hay luz, ¿de qué sirve la vista? Y para que haya luz, primero tiene que haber materia. ¿Y qué es la materia? Son los quarks. ¿Y qué son los quarks? Pedacitos de materia. ¿Y la luz? Una emanación de la materia que da en otra materia, que a su vez la absorbe toda y ahí acaba el viaje, o en parte la refleja, en cuyo caso va a dar a una tercera materia en que se repite lo dicho. Y así, y así, y así.

—¿Y la segunda materia le puede reflejar de vuelta su luz a la primera?

—Sí, pero como la primera materia por lo general sigue mandando luz, así sea por un instante, esta nueva luz choca con la luz reflejada por la segunda materia y ambas luces se aniquilan, como un quark aniquila a un antiquark, o viceversa. Para todo demonio siempre hay un ángel que lo contrarreste, y para todo ángel contrarrestador un demonio.

En 1933 Fritz Zwicky estudiaba el cúmulo galáctico Coma y no le daban sus cálculos: de la luminosidad del cúmulo le resultaba 400 veces más gravedad de lo esperado, así que para salir de problemas, cortando el nudo gordiano de un tajo como Alejandro Magno, propuso la existencia de la materia oscura. El cúmulo galáctico Coma tenía 400 veces más gravedad de la que indicaba su luminosidad. La materia oscura es invisible porque no emite ni absorbe la luz ni ninguna otra de las radiaciones del espectro electromagnético, pero su existencia se deduce de la gravedad que ejerce sobre la materia ordinaria o visible, y constituye la mayor parte de la materia del Universo. El Universo, nos dicen los cosmólogos, está constituido por un 4 por ciento de materia visible u ordinaria, un 23 por ciento de materia oscura y un 73 por ciento de energía oscura. ¿Y qué hace la energía en los cálculos de la materia?, pregunto yo. ¡Con que energía oscura! ¡Como si viéramos la que no es oscura! ¿Y dónde está la energía visible en esos porcentajes? ¡Sinvergüenzas! Visible o invisible, oscura o clara, la energía no se ve. Además, buena parte de lo que pensamos y de lo que nos rodea y de lo que somos tampoco se ve. ¿O han visto ustedes acaso la fuerza de gravedad de Newton? ¿No será esta entelequia newtoniana una energía oscura? ¿Tal como la que le atribuyen al vacío? ¿Y el vacío acaso se ve? También el vacío es oscuro. Pero por lo menos existe, y la prueba es que está rodeado de materia, tanto en el cosmos como en el átomo. Y lo que está es. No se puede estar sin ser. En cambio la nada no está rodeada de nada y por lo tanto no existe. Es tan poca cosa la pobre nada, que podemos decir que es menos que nada. No vuelvan a usar la palabra *nada* porque sobra. Y apaguen los focos y caminen en la oscuridad absoluta de sus casas a ver cómo les va. Se van a tropezar con los muebles, con mucha materia oscura. Óiganme bien. El misterio no radica en la materia oscura, está en la que se ve. El problema no lo tengo con la oscuridad: lo tengo con la luz. Me saca de quicio esta maldita.

De lo que llaman el espectro electromagnético tan solo vemos una parte muy pequeña, la de los colores del arco iris. Y el resto, lo que sigue por fuera de los extremos azul y rojo, no lo vemos. Lo detectamos sí, pero sin verlo. Más allá del azul podemos detectar, aunque no por la visión, los rayos gamma, los rayos equis y los rayos ultravioleta. E igual más allá del rojo: podemos detectar, aunque no por la visión, los rayos infrarrojos y las ondas de radio. Al espectro electromagnético lo llamamos laxamente *luz*. Pero llamémoslo como lo llamemos, nunca lo entenderemos. Las palabras *materia* y *luz* pertenecen al lenguaje cotidiano y los conceptos que encierran nos son plenamente entendibles. La palabra *energía*, que inventaron los físicos de principios del siglo XIX para competir con la *fuerza* newtoniana (que estaba pasando de moda junto con las pelucas), pretende ser científica pero es metafísica: marihuanada de filósofo. Ni más ni menos que como la potencia y el acto, la esencia y la existencia, la substancia y los accidentes de Aristóteles y los escolásticos. ¡Y la miden! Y no contentos con medirla, ahora la oscurecen. No sabemos qué es la energía clara, ¡vamos a saber qué es la oscura! Cuando encuentren en algún lado, muchachos, la «constante cosmológica» del marihuano Einstein, reemplácenla por la «energía oscura» (la del espacio vacío, la que lo expande y acelera), ocurrencia de los más recientes payasos de la física, y no falsearán la frase por la simple razón de que ya de por sí la frase es falsa. Según estos bufones de hoy, la energía oscura provoca la expansión del espacio con el consiguiente *redshift* de la luz y demás radiaciones electromagnéticas. Vale decir, con el alargamiento de las longitudes de onda de todas las radiaciones, desde las de los rayos gamma hasta las del opuesto extremo del espectro, las ondas de radio, cuya longitud de onda va desde una décima de milímetro hasta los 100 mil kilómetros.

—¿Y puede haber una longitud de onda mayor a los 100 mil kilómetros?

—¡Claro! La de una línea recta que no ondee, correspondiente a una radiación que no vibre. Y así tendremos una longitud de onda máxima en el Universo de 13 mil 800 millones de años luz, a la que habrá que sumarle el estiramiento causado por la expansión del espacio. ¿Y cómo se estira una línea recta? Estirando el espacio.

¡No sabemos qué es la materia y ya la estamos oscureciendo! Para mí no hay nada más oscuro que la luz. En oscuridad ni siquiera la gravedad puede competir con ella. ¡Y dicen que viaja! Vuelvo a la paradoja de Olbers para explicarla. El cielo de la noche es oscuro por la limitación de nuestros ojos y de nuestros telescopios. Si sirvieran de verdad, lo veríamos como una luz continua pero con altibajos de intensidad. Siguiendo en línea recta siempre da uno con algo. Ah sí, ¿y los vacíos intergalácticos?

Los vacíos intergalácticos detectados en las últimas décadas iban de los 33 millones de años luz de diámetro hasta los 490 millones. Pues bien, acaban de descubrir los astrónomos un vacío de 1800 millones de años luz o sea 5 grados de bóveda celeste, ubicable en el Hemisferio Sur de la bóveda, apuntando los telescopios hacia la constelación de Eridanus. Un vacío del tamaño de 18 Vías Lácteas. ¡Ni que fuera Dios! Ahora ya no saben estos pobres hombres si en vez de vacío se trata de un superagujero negro o de la puerta de entrada a un universo paralelo. Lo llaman el Punto Frío. Si se trata de un vacío, pues no lo vemos porque el vacío no se ve. Si se trata de un agujero negro, tampoco porque los agujeros negros se tragan la luz que les llega. Pero si se trata de la entrada a otro universo, ¡qué bueno!, a ver si por fuera de esta porquería que nos cupo en suerte están mejor hechas las cosas, más racionales, más bien pensadas, menos arbitrarias. En lo que vemos y sabemos, la arbitrariedad de Dios no tiene límites. Mientras más creemos saber del llamado mundo físico, este se vuelve más inentendible. Con decirles que los físicos ya me inspiran compasión.

Informándoles sobre el Gran Vacío o Punto Frío, el cosmólogo de la Universidad de Durham Carlos Frenk les dijo a los periodistas: «El Punto Frío ha causado mucha confusión. No sabemos qué lo produce. Es todo un desafío a la ortodoxia». Heterodoxo como nací, pues a mí me sacaron de pies y no de cabeza, me siento indirectamente aludido y lo apruebo. Felicito al profesor Carlos Frenk por su perspicacia y profundidad de inteligencia. Fenómenos tan extraños como el que él comenta constituyen lo que los físicos llaman la «física exótica». ¡Como si la física de por sí no fuera toda exótica! ¿Qué más exótico que la gravedad y la luz? O que el vidrio y el espejo.

Los astrónomos miden las distancias a que están los cuerpos celestes de nosotros subiendo de escalón en escalón por la «escalera de distancias cósmicas». Del primer escalón, el del paralaje trigonométrico que mide distancias cortas en el Sistema Solar y en la Vía Láctea, pasan al segundo, el de las cefeidas variables, que miden distancias de galaxias cercanas, y así van subiendo hasta el último escalón, el de las supernovas de tipo Ia que les permiten llegar 500 veces más lejos que las cefeidas. Todo muy lógico aparentemente. Solo que cada escalón tiene cierto grado de incertidumbre, de suerte que cuando los astrónomos medidores suben al segundo escalón cargan con la incertidumbre del primero, y cuando suben al tercero cargan con la del primero y la del segundo, y así. En esta precaria escalera el *redshift* constituye uno de los escalones. Si algún día descubrimos que los desplazamientos hacia el rojo de los espectros de las estrellas y las galaxias no resultan ligados a las distancias a que se encuentran estas de nosotros, la escalera se nos vendrá abajo. Pues igual que los astrónomos con su «escalera de los errores multiplicadores» como la bautizo aquí, los cosmólogos del Big Bang han ido tejiendo su telaraña de hipótesis pringosas, y al no encontrar de donde colgarla la han colgado del vacío. ¿Quién puso el Huevo Cósmico, como llamó el cura Lemaître al átomo primordial supercondensado que estalló en el Big Bang? ¿Dios? Nadie abre la boca, todos callan. Dios no pudo ser porque no es una gallina.

Me conmueven los esfuerzos de los astrónomos para ubicar a la Tierra. Primero la ubicaron en el Sistema Solar, luego a este en la Vía Láctea y finalmente a esta en el Cosmos. El Sol está a 27 mil años luz del centro de la Vía Láctea, un agujero negro supermasivo y que se encuentra detrás, pero detrasísimo, de la estrella Alfa Sagitario. Busquen esta estrella donde se juntan las constelaciones de Sagitario y Escorpión. Solo que Alfa Sagitario se mueve, como todas las estrellas, y las constelaciones se hacen y se deshacen, son ilusorias. Hoy Sagitario parece un cazador con un arco y Escorpión un alacrán con dos tentáculos. Pues andando el tiempo el cazador se nos puede convertir en una hoz y el alacrán en un martillo. Nada está quieto en el cielo, el Universo entero está en permanente movimiento y así no tenemos forma de ubicarnos en el espacio. Pero en el tiempo sí. Temporalmente no somos heliocentristas copernicanos sino egocentristas tolemaicos. Para mí el gong del Big Bang sonó el 24 de octubre de 1942 a las 11 y media de la noche brillando rabiosamente Marte en un cielo palpitante de luceros, cuando en el primer cuarto de una casa del barrio de Boston, ciudad de Medellín, departamento de Antioquia, país Colombia, planeta Tierra, Sistema Solar, Vía Láctea, Grupos de Galaxias, Cúmulos de Grupos, Supercúmulos de Cúmulos, Filamentos de Supercúmulos, Esfera de 93 mil millones de años luz de diámetro, saliendo de un claustro oscuro a la luz con los pies por delante y burlándose del espacio existente, el que dice yo anunció el prodigio con un berrinche tremebundo: acababa de nacer con él el tiempo. En ese precisísimo punto del espacio-tiempo marihuano se encuentra el centro fijo del Universo: yo. El resto es la periferia cambiante y movediza. Y cuando se mueve este centro, la periferia se mueve con él, obsecuente, abyecta.

—¡Pero si usted tiene todavía para largo, profesor, nació ayer! Es un chamaco, un pibe, un crío, un peladito, un «culicagado» como les dicen. Y nosotros que le poníamos cien años.

—Pero de perspicacia. A la cual le sumo mi humildad pues la una no puede existir sin la otra ya que mientras más sabe el bípedo sabio menos vale porque más ignora.

—Así que salió usted con los pies por delante a contracorriente del mundo... Con razón nos resultó imposturólogo.

—*That's correct*. ¡Lo que batalló el doctor Mejía para sacar al imposturólogo del claustro oscuro! No salía, estaba atorado como en un garfio.

—¡Y lo que habrá sufrido su mamá!

—Muy merecido todo sufrimiento. Vivió de parto en parto la multípara. Veinte conciertos parturientos dio y solo descansó el día que la Muerte la jubiló, y no porque la Guadañosa la quisiera pues no quiere a nadie, sino para quitarse trabajo. La Parca no se da abasto, mata a uno y nacen dos.

Todo es incognoscible e incierto, empezando por el de la voz. Y si el espacio existe por fuera de quien lo piensa y le seguimos añadiendo más espacio expandiéndolo como quien le agrega nada a la nada, ¿por qué no postulamos mejor la creación continua de materia? Suelten el caballo loco y verán a dónde llegamos. En cuanto al tiempo, les diré por experiencia propia que solo existe negándose. El que dice «Soy» significa a la vez «Fui» y «Voy a ser». ¡Con que el heliocentrismo! ¡Con que un gran hombre Copérnico! Este ni siquiera llegó a astrónomo, nunca vio a Marte. El año entrante le dedico el curso entero.

Si la luz viaja, muchas de las estrellas y galaxias que vemos ahora en el cielo de la noche no existen desde hace millones de años, o cientos de millones de años, o miles de millones de años, y las vemos como eran cuando partieron sus luces, que en este instante nos están llegando. De suerte pues que cada cuerpo celeste tiene una edad distinta a la de cualquiera de los otros. El cielo estrellado es un hervidero de estrellas y galaxias jóvenes y viejas, vivas y muertas. Un cementerio tanto como un jardín de infantes. Cuando vemos la Luna, vemos la que era hace un segundo. Cuando vemos el Sol, vemos el que era hace 8 minutos. Todo lo anterior, siempre y cuando la luz viaje. Pero si no viaja, lo que vemos entonces es exactamente lo que está ahí ahora frente a nosotros, como pasa en nuestra vida diaria. La gran revolución en la astronomía no fue entonces la del heliocentrismo de Aristarco, Copérnico y Galileo, sino la de la luz de

Roemer, la de la luz que viaja. Hasta Roemer la humanidad vio siempre en presente. Con él empezó a ver en pasado. Hasta Roemer la humanidad solo veía en el Espacio. Después de él empezó a ver en el Tiempo.

—¿Y cómo ve usted, profesor, a la Luna, al Sol y a los demás astros del cielo?

—Como a mi vecino de la acera de enfrente. «Buenos días, Leovigildo, ¡qué gusto verlo! ¿Cómo amaneció? ¿Aliviadito?». Si veo salir a Leovigildo, quiere decir que está vivo. Si no lo vuelvo a ver saliendo, lo anoto en mi *Libreta de los muertos*.

¡Pobres astrónomos! Sus dificultades inmensas para ubicarnos primero en el Sistema Solar, luego en la Vía Láctea, y finalmente en un Universo cuyos mojones son móviles porque todo en él gira y se aleja, bien sea motu proprio con sus propios pies, o involuntariamente pues el espacio en que están parados se les está expandiendo debajo. Mojones móviles no son mojones. ¡Qué incertidumbre en la que vivimos! Aquí abajo en una democracia ladrona, y allá arriba en un Cosmos terrorífico. La Tierra tiembla, y desde hace 13 mil 800 millones de años seguimos en una explosión que aún no acaba. Ya dijo El de Arriba «Big», estamos a la espera de que diga «Bang». A ver si El Laborioso se sienta por fin a descansar en sus Eternas Nalgas y deja de joder al mundo.

Los astrónomos miden el tiempo cosmológico en años, tal como medimos nosotros el de nuestras efímeras vidas. Y miden las distancias cosmológicas en unidades astronómicas, o en pársecs, o en años luz, tres medidas convertibles unas en otras, de las cuales solo la última, por incluir la velocidad de la luz, incluye el tiempo. Toda velocidad incluye el tiempo. Pues bien, la inclusión del tiempo en el espacio no hace sino aumentar el tremendo embrollo en que se han metido los astrónomos. Digan: «La Luna está a 300 mil kilómetros de aquí», no a un segundo luz. Del Big Bang dicen que ocurrió hace 13 mil 800 millones de años, cosa que entendemos sin problema. ¿Pero dónde ocurrió? Me dirán que mi pregunta sobra porque con el Big Bang se creó el espacio. Ya dije que el espacio es asunto mental. Pero si no lo fuera, mi pregunta no sobra pues el punto exacto donde nació el espacio constituye ni más ni menos que el centro del Universo. Me dirán que el estiramiento posterior del espacio borró el centro. Pues a mí esto se me hace tan imposible de concebir y tan loco como Dios borrándose a Sí Mismo. *Posterior* es una determinación temporal, y el tiempo no tiene qué ver con el espacio. No los mezclen más, por favor. El uno lo tenemos diluido en el hemisferio derecho del cerebro, y el otro en el izquierdo. Apaguen uno de sus dos hemisferios y verán. No necesitan más que ejercer la fuerza de voluntad. ¡O qué! ¿La van a dejar intacta, sin usarse, para que se la coman los gusanos? Y sigo. O mejor dicho, concluyo. Si no sabemos dónde ocurrió el Big Bang, no podemos afirmar que ocurrió ni a 13 mil 800 millones de años luz de distancia de nosotros sin expansión del espacio, ni a 30 mil millones de años luz con ella. No jodan más con eso.

Al marihuano Einstein, in memóriam: El Big Bang se divide en dos: el Big, que ya ocurrió y por el cual estamos aquí; y el Bang, que falta por ocurrir y por el cual no estaremos ni aquí ni allá. ¿El esperado apocalipsis? No. El requiéscat in pace de todo y de todos: de mí, de usted, de él, de ella... Del espacio y del tiempo por separado, o del espacio-tiempo juntos.

Se conocen más de 200 mil cuásares, los cuerpos más luminosos del Universo, si es que son cuerpos, cosa que está en veremos pues a lo mejor nos resultan un chupamiento de materia por parte de un agujero negro. La mayoría de los conocidos están lejísimos y son viejísimos, del orden de 12 mil millones de años. ¿En qué punto de su evolución están los cuásares de 12 mil millones de años que vemos en este instante? ¿En su infancia? ¿En su adolescencia? ¿En su edad adulta? ¿En su vejez? ¿O ya murieron? ¿Y por qué no vemos cómo eran hace 11 mil millones de años, o 10 mil millones, o 9 mil millones? ¿Y si ya murieron, seguimos viendo la luz de unos muertos? ¿Qué hace que el vínculo luminoso entre ellos y nosotros sea de 12 mil millones de años y no de menos? ¡Ah con esta caterva de astrónomos y cosmólogos! Estoy empezando a querer a los médicos.

Y que quede claro que puesto que hablo de tiempo y no de espacio, la expansión del espacio no le quita ni le pone a mis preguntas. Cuando decimos que el Sol que vemos en este instante está a 150 millones de kilómetros de nosotros estamos midiendo el espacio con el espacio pues kilómetros tiene un significado espacial. Pero cuando decimos que está a 8 minutos luz de nosotros ¡estamos midiendo el espacio con el tiempo! En el cielo de la noche no tenemos forma de orientarnos porque en él todo se mueve, empezando por nosotros que mientras lo vemos giramos de cabeza mareados. Todos los cuerpos celestes se están moviendo y por partida múltiple. La Tierra gira en torno al Sol, que gira en torno al centro de la Vía Láctea, a la que arrastra la expansión del espacio, como arrastra a la totalidad de las galaxias. Tal como en el ejemplo que ya puse, pero ahora hablando cosmológicamente, le estamos queriendo seguir la pista a una gota de agua en las cataratas del Niágara. La bóveda celeste tachonada de estrellas (el inodoro estelífero de Dios) se me hace por donde le busquemos un solemne disparate. Por lo menos en el caso del Sol, que está a la vuelta de la esquina, no interviene la expansión del espacio para embrollarnos todavía más las cosas. ¿O sí interviene? En los 8 minutos a que estamos de él (midiendo la distancia en tiempo), ¿se habrá expandido el espacio un poquito? ¿Y la imagen de mi vecino Leovigildo saliendo de su casa, que está a 10 metros de distancia de la mía, me llegó de inmediato? ¿O se tardó una treintamillonésima de segundo? Pues en esa treintamillonésima de segundo se murió Leovigildo. De suerte que no bien salió lo vi vivo, y una treintamillonésima de segundo después lo vi muerto, pero todavía de pie, sin caer. ¡Qué bueno, Leovigildo, que te moriste para que no sufras más, como sufrimos todos, y poderte anotar en mi *Libreta de los muertos*! Te voy a poner en la pe: «Pérez Torres Leovigildo, mi vecino». Quedaste inmediatamente después de Dámaso Pérez Prado, el rey del mambo. ¡*Beato te*!

Los cosmólogos nos dicen que cuando vemos el Sol estamos a 8 minutos luz de él, pero al decirlo no ponen en duda que existamos puesto que lo estamos viendo, y que existíamos cuando menos un minuto antes. En gracia de discusión acepto lo de los 8 minutos, pero para hacerles una pregunta: ¿Dónde estábamos hace 12 mil millones de años cuando partió la luz de un cuásar que en este instante estamos viendo? Puesto que el Sistema Solar y con él la Tierra solo tiene 5 mil millones de años de existencia, cuando partió la luz del cuásar no solo no existíamos «en acto» sino tampoco «en potencia» aristotélicamente hablando, sino que estábamos a 7 mil millones de años de la posibilidad de existir. Por lo tanto el caso del Sol y el del cuásar son fundamentalmente distintos. ¿Y por qué vemos el Sol de hace 8 minutos y no el de hace un año? ¿Y por qué vemos el cuásar de hace 12 mil millones de años y no el de hace 11 mil millones, ni el de 10 mil millones, ni el de 9 mil millones? ¿A dónde fueron a dar las luces de estas edades del cuásar? ¿Se perdieron? ¿O vienen en camino esperando llegarles a nuestros nietos? Por los míos despreocúpense porque el que no tiene hijos no tiene nietos. Para poder subir el segundo escalón de la «escalera de distancias cósmicas» antes hay que subir el primero. He ahí, muchachos, «la paradoja del imposturólogo». Para que me citen.

—La solución a su paradoja la dio Einstein. Es que el espacio no existe sin el tiempo ni el tiempo sin el espacio. Usted lo sabe mejor que nosotros. Lo que existe es el espacio-tiempo marihuano.

—¡Pero claro! La marihuana trastorna toda noción de espacio y tiempo, juntos o por separado.

—Y quema las neuronas.

—¡Y qué importa! Que coman ceniza de neuronas los gusanos.

Por el *redshift* de esa luz que tardó 12 mil millones de años en llegarnos, y dada la expansión del espacio ocurrida durante este tiempo, calculan los cosmólogos que el cuásar más lejano se encuentra en la actualidad a una distancia de 29 mil millones de años luz de nosotros. ¿Y si estalló un día después de que partió su luz? Pues entonces mañana veremos el estallido. ¿Y pasado mañana qué veremos? Nada porque el cuásar dejó de ser, y el que deja de ser deja de ser problema.

—¿Y algunos de los átomos de ese cuásar no habrán venido a dar a la Tierra y hoy son parte de nosotros?

—Acaba de resolver la paradoja del imposturólogo: al ver el cuásar nos estamos viendo a nosotros. Con lo cual el telescopio se vuelve un espejo del que cree en él. Así al misterio del telescopio sumémosle entonces el del espejo.

—¿Y si el telescopio es uno de espejo como el que inventó Newton?

—Entonces, joven, estaremos ante el misterio newtoniano del espejo al cuadrado.

Uno de los cuerpos más luminosos del Universo (si es que es un cuerpo y no el show luminoso de un agujero negro) es el cuásar 3C 273. Tal es su luminosidad (4 billones la del Sol), que se puede ver con un telescopio casero pese a que está a 2.5 gigaaños luz de nosotros, o sea a 2 mil 500 millones de años luz. Si en vez de esa distancia monstruosa estuviera a 33 años luz, brillaría como nuestro Sol. Su masa de 886 millones de masas solares consume 600 Tierras de materia por minuto. Menos mal que el megacuásar Gargantúa se está alejando de nosotros, y rápido, a 47,000 kilómetros por segundo, porque si se estuviera acercando, ¡qué porvenir el nuestro!

Gigaaños luz, megaparsecs de distancias terroríficas, agujeros negros supermasivos de millones de masas solares, cuásares hiperluminosos que brillan como billones de soles, giga, mega, super, hiper, ya no nos alcanzan los prefijos griegos ni latinos para nombrar estas monstruosidades. Sin darnos cuenta nos hemos vuelto hiperbólicos para todo. Y con razón. Del mundo superpoblado en que hoy vivimos, en unos días pasaremos al hiperpoblado, y de los corruptos de hoy a los hipercorruptos. No quedará para entonces ni una sola alma decente. ¡Cómo no se va a requerir ya mismo una guerra nuclear! ¡Qué estamos esperando! Es cuestión sine qua non de nuestra supervivencia. Porque colapso gravitatorio tratándose de un planeta tan chiquito como el nuestro, ¡ni lo sueñen! Creemos que llevamos mucho aquí pero no. Acaso estemos viviendo en los albores del Universo y nos falte mucho por recorrer y aprender, hasta que por fin llegue el día en que descarguemos esta cruz. Algunos imaginativos afirman que los cuásares están hechos de una forma desconocida de antimateria que da cuenta de su brillo. Como la antimateria a mí me hace la misma gracia que la materia oscura, o sea ninguna, ni los tomo en cuenta. En cambio los optimistas que creen que los cuásares son los agujeros blancos que existen al final de los agujeros de gusano por los que uno sale de este Universo y entra en otro, esos sí me gustan. Dios los oiga. A lo mejor en otro Universo Dios se comporta menos infamemente que en este. ¡Porque Viejo Más Malo no he conocido! Ganas no me faltan de bajarle a Este Asqueroso con un machete al estilo islámico la testa.

—Profesor, calme su rabia que el mundo sigue andando, rodando de cabeza.

—Sí, ya sé, yo fui el que lo dije.

Todo espacio sin estrella que se vea en el cielo de la noche ha de ser: o un agujero negro que tapa lo que haya detrás de él; o materia oscura que procede igual; o insuficiencia de nuestros telescopios, que prometen mucho pero agrandan poco. ¡Qué desilusión el Hubble! Y esas fotografías suyas con colores trucados, mentirosos. Orbita este catalejo presuntuoso a 593 kilómetros sobre el nivel del mar. Pero por favor, señores, una distancia que se mide «sobre el nivel del mar» da risa. ¡Un poquito más que el Himalaya! Yo me recorro a pie si quiero esos 593 kilómetros sobre el nivel del mar en las montañas de Colombia, ¿y quién dirá esta boca es mía? Sobre lo que realmente orbita el Hubble es el smog, que de noche ya no deja ver y que de día, el día menos pensado, nos oscurecerá para siempre el Sol. Entonces seremos a cabalidad lo que ya somos: el planeta oscuro de los simios corruptos.

Arribista, calumniador, atropellador, carnívoro, rapaz, soberbio, envidioso, ventajoso, mentiroso, este Donald Trump paradigmático, esta cosa excrementicia de dos patas que avanza de paso en paso precedido por una nariz con dos agujeros mocosos ubicados sobre una boca vociferante y putrefacta y seguido por el hueco excretor trasero del que la evolución le absorbió la cola, se cree el Rey de la Creación y que su Creador lo hizo a su imagen y semejanza. ¡Pero claro! Semejante engendro no lo pudo haber hecho sino otro Engendro. Nadie da lo que no tiene y de tal palo tal astilla. Qué hermosura en cambio la de la serpiente, animalito hermoso que le inyectó a Eva la tetona, en un glúteo, el veneno de la lujuria, para que a su vez esta bestia ovulante se lo inyectara a Adán el estúpido y entre los dos empezaran el proliferante género humano. El choque de la Vía Láctea con la galaxia Andrómeda dará por fin cuenta de estas bestias.

—No se le olvide, profesor, que su cátedra es de imposturología física, no general.

—Es que yo a veces procedo de lo particular a lo general y viceversa. Subo desde abajo y bajo desde arriba. Vibro como la luz.

¿Cómo puede la luz de un cuásar que partió hace miles de millones de años rumbo a todos los puntos cardinales llenar la esfera del Universo que tiene un volumen de quintillones de años luz cúbicos? ¿Y vibrando de arriba abajo y de un lado al otro a medida que va avanzando en línea recta? Si la luz se propaga en todas las direcciones del espacio, no puede viajar en línea recta, para empezar. Y para continuar: ¿La luz existe mientras viaja? ¿O solo cuando llega? Contra la creencia unánime en su tiempo de la instantaneidad de la luz, Giovanni Domenico Cassini propuso antes que nadie la tesis de que las anomalías en los eclipses de las lunas de Júpiter se explicaban aceptando que esta viajaba, y por ello el tiempo entre los eclipses se acortaba cuando Júpiter y la Tierra se acercaban y se alargaba cuando se alejaban. No bien propuso esta explicación la desechó, pero su asistente Roemer la retomó y difundió, provocando la revolución más grande de toda la historia de la astronomía después del triunfo del heliocentrismo de Aristarco y sucesores: la de que la luz viaja, la tesis del arrepentido Cassini.

¿Pero de veras viaja? ¿U obnubila? He ahí, en el engaño de la luz, la obra maestra del Creador, su más inquietante broma macabra. Dice la estúpida Biblia que Yavé dijo «¡Hágase la luz!». No. Dijo «¡Hágase la burla!». Y la burla estalló en una explosión silenciosa pues todavía no había atmósfera, y eternidades después, millones de años, eones, unos solemnes zánganos de nuestra suciedad o sociedad sucia la llamaron el Big Bang. Por cuanto a los átomos que nos componen, si les creemos a los del Big Bang y Cía. tienen la edad del Universo. ¿Y en el vacío interior de los átomos palpita el vacío general del Universo, el de sus regiones oscuras, el de las que llenan de nada la nada del espacio extendible que existe entre estrellas y estrellas, galaxias y galaxias, cúmulos de galaxias y cúmulos de galaxias, etcétera, etcétera? Todo cuanto veo para mí está en tiempo presente, eminencias bigbanianas. ¡Al diablo con su viaje de la luz!

Dejando de lado la expansión del espacio, que de existir reforzaría mi tesis, mientras más lejos estemos de una fuente de luz esta será más débil. Lo cual significa que al avanzar en su viaje la luz se va diluyendo. Supongamos que su dilución depende de la intensidad inicial, de suerte que la de un cuásar puede seguir sin acabar de diluirse, llenando cada vez más y más espacio de ella misma aunque cada vez más débilmente, y así durante un viaje de 12 mil millones de años, tras el cual llega hasta nosotros, que estamos en este instante viéndola, en algún lugar del Universo, gracias a un telescopio que nos la aumenta, en tanto que la luz de una vela se diluye en fracciones de segundo y sin llegar muy lejos. ¿Y cómo se diluye la luz que viaja, sea la de un cuásar o sea la de una vela? Si la luz viaja, viaja sin viajar. La luz no puede viajar. No soy capaz de explicar las observaciones de Roemer, pero sus seguidores tampoco pueden contestar mis preguntas. ¿Dicen que la luz viaja? Yo digo que no. Y puesto que ahora estamos viendo las galaxias de hace 13 mil millones de años, ¿dónde estábamos entonces, si todavía no se formaba el planeta Tierra? Esa lejana luz de que hablan físicos, astrofísicos y cosmólogos, nos muestra cómo éramos cuando no existíamos. ¡Vaya! Lo que todavía no existe no se puede ver.

A simple vista lo más lejano que podemos ver en una noche clara es la galaxia Andrómeda, que está a 2 millones de años luz, pero no podemos ver ningún cuásar. El cuásar más luminoso, 3C 273, está a 2 mil años luz y se ve con un telescopio de aficionado. A simple vista la galaxia Andrómeda la vemos como un borrón de luz, aunque con los telescopios distinguimos muchas de sus estrellas: unos insignificantes puntitos. Por más potentes que sean nuestros telescopios no vemos mucho más de lo que digo. El sentido de la vista en última instancia no nos ayuda a resolver nada, los misterios siguen ahí parpadeando. Gracias a la escalera de distancias cósmicas creemos saber a qué distancia (quitando o poniendo años luz) están las estrellas, las galaxias y los cuásares de nosotros. Siempre, por supuesto, que la luz viaje. Pero no viaja. ¿Y con un buen telescopio, hasta qué distancia se puede ver la luz de una vela? ¿Y se puede ver la vela misma, o solo su luz? ¿Y se puede ver una vela en un exoplaneta y a su lado el que la encendió? Luz que llega, luz que se absorbe o se refleja, y las que se reflejan terminan todas por absorberse, en la superficie de un cuerpo que puede ser el ojo, en cuyo caso la señal se va culebreando desde la retina hasta las zonas visuales del cerebro donde se absorbe y se apaga. Alguna neurona resultará entonces calentada por un fotón einsteniano. ¡A medir entonces su temperatura con un termómetro!

Y si la luz viaja como una esfera que se ensancha y se sigue ensanchando hasta que no se le atraviese algo, ¿cómo podemos entender que los que hace 13 mil millones de años no existíamos la veamos ahora? La luz de la Luna se tarda 1 segundo en llegar a la Tierra, y la del Sol 8 minutos. Y las vemos porque existimos en el momento en que partieron, pero nosotros no nacimos del Sol ni de la Luna, y por lo tanto no podemos comparar este caso con el de las primeras galaxias o de los primeros soles de los que proceden, según dicen los sabios, nuestros átomos. Y a ver, cosmólogos, si logran ver con el telescopio Hubble el Sol de niño, el de hace cinco mil millones de años. Estas afirmaciones de que se puede ver hacia el más remoto pasado gracias a que el Universo se expande más rápido que los 300 mil kilómetros a que viaja la luz no pasan de ser otras marihuanadas de la pseudociencia de la física puesta al servicio de astrofísicos y cosmólogos. ¿La explosión del Big Bang produce de inmediato el alejamiento de los quarks y los gluones, los pedazos de Dios? ¿O lo produce la expansión del espacio que queda entre los pedazos de Dios?

Hay una luz que según los del Big Bang ha viajado sin tropezar con nada durante 13 mil millones de años, y que en este instante nos llega a los ojos. Si hubiera tropezado, habría sido absorbida finalmente por más veces que hubiera sido reflejada y no habría llegado a nosotros. ¿Y la que no ha tropezado sigue viajando, aumentando el tamaño de la esfera? ¿O apostando carreras con la expansión del espacio? No se puede ver hacia el pasado. Ni cercano ni lejano. El tiempo no existe afuera. Se hace y se deshace dentro de nosotros.

¿Y la disminución de la intensidad de la luz entre su emisión y su recepción se debe a su propagación? ¿Pero qué es lo que se propaga, lo que viaja? ¿Radiaciones electromagnéticas? ¿Fotones? ¿Marihuanadas? ¿Y dónde están las radiaciones y los fotones y las marihuanadas mientras viajan? En la inexistencia del viaje, ahí están. Vayan diciendo «Ora pro nobis».

Desde que lo observamos con los telescopios no hemos podido ver los bordes del Universo como si fuera infinito, y puesto que las galaxias están distribuidas uniformemente en todas las direcciones se diría que este tampoco tiene un centro. ¿Y el punto donde ocurrió el Big Bang y desde el cual el espacio se ha venido expandiendo no es el centro? ¿O es que la expansión del espacio lo borró? ¿O lo aniquiló un cuásar? ¿O se lo tragó un agujero negro? «¡Quién sabe!», como dicen en este idioma marciano los marcianos. De todos modos al expandirse el espacio más rápido que la luz que viaja por él, la alarga hacia el rojo, la enrojece. Y mientras más la enrojece más la estira, y mientras más la estira más línea recta se vuelve la que ondea. ¿Logran concebir ustedes la luz como una línea recta o un rayo? Yo no. Más fácil creo en las lenguas de fuego que me hace llover desde arriba el Políglota, el Paráclito, el Espíritu Santo.

La Tierra la ilumina cada día el Sol. ¿Y qué ilumina una supernova, que vale por infinitos soles? Nada. Se ilumina a sí misma y la vemos muy brillante. ¿Pero qué vemos a los lados de la supernova? Nada. Más me ilumina un cerillo, aunque sea por un instante, la punta del pie. ¿Una fuente de luz es más intensa por sí misma, o porque está más cerca de nosotros? ¡Quién sabe!

La luz absorbida no la vemos, solo la directa o la reflejada, y por la reflejada sabemos en qué cantidad se absorbió, o si se absorbió en su totalidad, en cuyo caso se trata del Cuerpo Negro Absoluto de los termodinámicos luminíferos: Dios. Y en las noches de luna llena no es la Luna la que nos ilumina una culebra en el rastrojo sino el Sol a través de ella. La luz, bien sea directa o bien sea reflejada, no existe sin un ojo que la vea. Antes de decir Dios *Fiat lux* tuvo que decir *Fiat oculus*. ¿O los habrá hecho al mismo tiempo el Viejo? Vayan diciendo «Ora pro nobis». ¿O van a dejar sin eco mis jaculatorias?

La contaminación de la física por la basura matemática que estaba en sus albores en la geometría pantanosa de Newton se me hace peor que la de la noche por el smog. ¿Quién ha vuelto a usar los teoremas geométricos de este genio? Nadie. Digan «Requiéscat in pace» por él.

Por falta de simultaneidad, en la sucesión nos perdemos todos. No se necesitan las piezas completas del rompecabezas para que uno sepa qué está pasando: los caballeros de la *toison d'or* están asaltando un castillo.

Entre dos individuos solo se necesita que uno de ellos se mueva para que la separación aumente. Pero si se mueven ambos, la separación aumenta aún más, según sea el largo de sus pasos. Al marihuano Einstein, que se pasó la vida mintiendo con que nada puede ir más rápido que la luz, le faltó aclarar qué entendía por nada. Entendía una sola cosa, no dos. ¿Y sumando dos cosas qué pasa? Si estando usted y yo juntos pero de espaldas, yo parto de frente hacia mi lado a 100 mil kilómetros por segundo y usted parte de frente hacia el suyo a 210 mil kilómetros por segundo, ninguno de los dos va a la velocidad de la luz, ¡pero entre los dos nos estamos alejando uno de otro a 310 mil kilómetros por segundo! Nada de constantes de la naturaleza, ni de leyes de la física, ni velocidad de la luz, no jodan más con eso. Ni la luz ni nada tiene límites. Solo Dios. A Dios le llega su límite cuando digo, dándome golpes de pecho: «No existe el Viejo». El límite de la nada es la nada. Y cuando la humanidad no sabe inventa. Tenemos que estar fuera del Universo para poder ver qué está pasando en él. Dentro de él no nos orientamos, y no digo de día: en la noche más iluminada de mi infancia. Y los planetarios mienten. Están programados para engañar. Lo que vemos en ellos es lo que creen que pasa en el cielo los que los programan. ¡Lástima que exista la noche! Si el Sol brillara todo el día, no tendríamos problemas cósmicos. El Sol no nos deja ver. Nos sume en la oscuridad de nuestra insignificancia.

Y exceptuando unas cuantas galaxias que están unidas a nuestra Vía Láctea por la gravedad, los restantes 2 billones de galaxias se están alejando de nosotros, a la vez que nosotros nos alejamos de ellas. Ellas van para la derecha y nosotros para la izquierda (entendiendo por derecha y por izquierda las dos manos de Dios). Esta es la verdad del momento. Los imposturólogos del futuro (si es que nos queda futuro) se encargarán de desmentirla.

¿Qué es el mar en resumidas cuentas sino ondas de agua con sal? Una sopa de moléculas de H_2O y $NaCl$ que con los protones, neutrones y electrones y el vacío de los átomos que las constituyen se mueven formando el oleaje. Una onda está formada de partículas. No puede haber ondas sin partículas, salvo que redefinamos las viejas palabras *onda* y *partícula* para acomodarlas a nuestras hipótesis. La luz viaja en el vacío, en los gases, en los líquidos y en el vidrio, que es un sólido, pero no en la mayoría de los sólidos. Ni como luz, ni como rayos equis, ni como ondas de radio, ni como nada. En cambio el sonido, que como la luz viaja en los gases y en los líquidos, no viaja en el vacío, pero sí en los sólidos. Yo le mandé un mensaje a mi abuela, que estaba en Envigado y yo en Medellín, golpeando en clave morse con un martillo en los rieles del ferrocarril de Antioquia. No sé qué deducir de lo anterior. Que el sonido viaje en ondas de aire lo acepto a regañadientes, sin entenderlo muy bien. ¿Pero que viaje también en ondas en los líquidos y en los sólidos? ¿Que se formen ondas en el hierro? ¿Y las ondas del vacío, tales como la luz y las demás radiaciones, son ondas de qué, por Dios? ¿De éter? «El éter no existe», dijo Einstein. Y por excepción ese día no andaba enmarihuanado el patas sucias, pero estaba repitiendo lo que ya habían aclarado décadas atrás Michelson y Morley. Y si la luz se tarda en llegar, según vio Roemer siguiéndoles las ocultaciones y apariciones a los satélites de Júpiter, ¿qué es esa entelequia y dónde está mientras avanza? Para los humanos, y demás animales que tenemos el sentido de la vista, la luz solo existe cuando tras haber pasado por la retina del ojo y el nervio óptico nos llega a las áreas visuales de la corteza del cerebro. ¿Y por qué puede pasar la luz a través de un vidrio, que es materia en estado sólido, y no a través de una lámina de hierro, que también lo es? ¿Y por qué en cambio sí pueden pasar los rayos X por la lámina de hierro? ¿En qué consiste la transparencia? ¿Y por qué el espejo me refleja, si no quiero?

Por la expansión del espacio las galaxias con un corrimiento hacia el rojo de más de 1.4 se están alejando de nosotros a una velocidad mayor que la de la luz. Y puesto que la expansión del Universo se está acelerando, muchas de ellas se nos perderán de vista. ¡Bendito sea Dios que no tendremos que preocuparnos por ellas!

Si vemos la supernova tal, que está a tantos miles de años luz de nosotros, ¿por qué no vemos la explosión del Big Bang que está un poquito más lejos? No digo que la oigamos porque en el espacio vacío no oímos. Pero sí vemos. ¿Mejor tener una hipótesis que no tener ninguna? No. Las hipótesis son las zanahorias que hacen andar al caballo y yo no soy caballo. El hombre vive de hipótesis y se reproduce como una bestia. La cópula es bestial y grotesca. ¿Cómo se puede someter la mujer a semejante ridículo? Respétense, mujeres, y la presidencia será de ustedes.

Y hay más. La relación que tiene todo con todo a mí me impide llegar a la comprensión cabal de nada. Me voy a morir en la oscuridad sin haber logrado entender la luz, la gravedad, la materia, cómo vemos, cómo oímos, cómo pensamos, cómo soñamos, cómo recordamos... Me pesan los pies para andar y se me ha olvidado quién fui. Por lo cual no sé quién soy. No me hago ilusiones. Se me acabó la fiesta. He recobrado, eso sí, la fe en los médicos. Tengo uno buenísimo que me recomendó García Márquez: el doctor Alzheimer, mi médico de cabecera. Me cuesta un dineral, más que un psiquiatra, pero me mantiene en forma.

—Le informo, profesor, que el profesor Vélez le acaba de ganar el plebiscito. Le manda decir que su clase quedó suprimida del pénsum. Que *Ite missa est*. La buena noticia es que la votación fue muy copiosa. La mala, que le ganó en una proporción de 5 a 1. No les gustó a los votantes que defienda usted deberes en vez de derechos. Que proponga incertidumbres en vez de verdades. Que plantee preguntas y no dé respuestas. Y sobre todo, como si lo anterior fuera poco, que niegue la existencia de Dios y la velocidad de la luz.

—Sí, ya sé, no me hablen de eso. Me persigue a 300 mil kilómetros por segundo la maldita. ¡Pero no me logrará alcanzar!